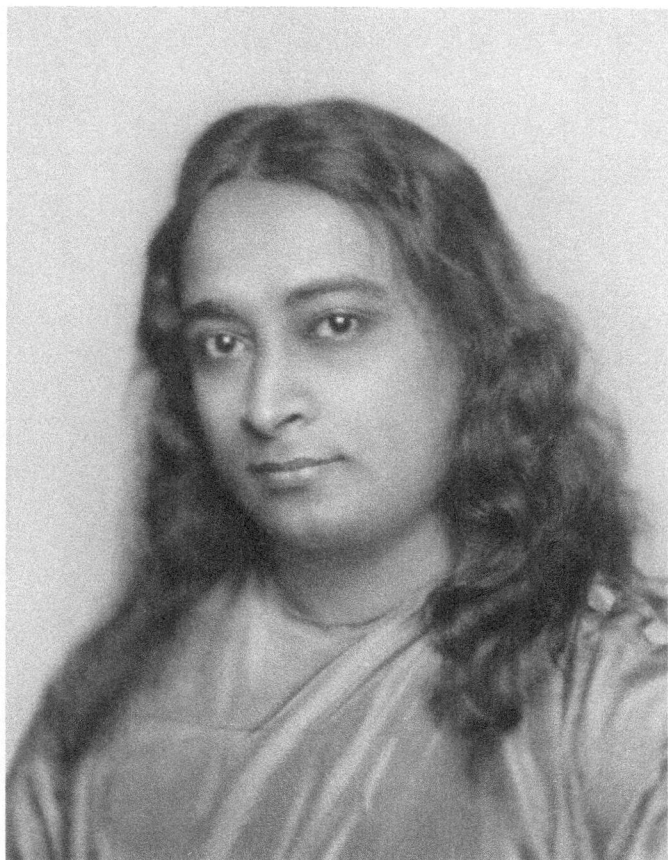

برمهنسا يوغانندا
(١٨٩٣-١٩٥٢)

توكيدات
شفاء
علمية

نظرية وممارسة التركيز

بقلم
برمهنسا يوغاناندا

الاستخدام العلمي للتركيز
والتوكيدات لشفاء عدم الانسجام بين الجسد والعقل والروح
باستخدام العقل، والإرادة، والشعور، والصلاة

Self-Realization Fellowship
FOUNDED 1920 BY PARAMAHANSA YOGANANDA

الإهداء إلى معلمي الملائكي
جنانافاتار (الحكمة المتجسدة) سوامي سري يوكتسوار
مع المحبة والإجلال والإخلاص

كلمة حول هذا الكتاب

عندما قدَّم برمهنسا يوغاننda لأول مرة، منذ
أكثر من تسعين عاماً، المبادئ والأساليب المعروضة
في توكيدات شفاء علمية Scientific Healing
Affirmations، كانت الاكتشافات ـــ التي جعلت منذ
ذلك الحين «شفاء العقل والجسم» عبارة مألوفة ـــ لا
تزال خارج نطاق الاستخدام وظلّت كذلك على مدى
عقود. وطوال تلك السنوات، علَّم هذا العمل الرائد
مئات الآلاف من القراء المهارات الأساسية للوصول
المباشر إلى قوة الشفاء الرائعة الكامنة في كل إنسان
وكيفية تطبيقها ـــ تلك المهارات التي تجد طريقها
الآن إلى الطب السائد من خلال الرؤية المشتركة
للفيزياء، وعلم النفس، وعلم الأعصاب، والروحانية.

خلال سلسلة من محاضرات ألقاها في عام ١٩٢٤
في بورتلاند بولاية أوريغون، قدّم برمهنسا يوغاننda
لأول مرة للجمهور تعاليمه حول علم التوكيد والشفاء
الإلهي. ومنذ ذلك الحين، أصبحت توكيدات الصلاة
ـ جنباً إلى جنب مع التفسير المدهش للمبادئ العلمية
والروحية التي تجعلها فعّالة ـ سمة من سمات العديد
من محاضراته وسلسلة فصوله التعليمية حول فلسفة

اليوغا والتأمل، التي حضرها جمهور غفير في المدن الكبرى في جميع أنحاء الولايات المتحدة. وفي ١٧ يناير/كانون الثاني ١٩٢٧، وصف مقالٌ في صحيفة واشنطن بوست واحدة من هذه المناسبات على النحو التالي:

«شارك أكثر من ٥٠٠٠ شخص، العديد منهم بارزون محلياً، في إنشاد جَهوري بطيء أثناء تقديم سوامي يوغانندا الليلة الماضية لخدمات الشفاء القائم على أسس علمية في قاعة واشنطن. السوامي هو معلم هندي وعالم في الميتافيزيقيا وعلم النفس، ومؤسس العديد من مراكز يوغودا Yogoda في هذا البلد.

واختُتم الإنشاد البطيء بتكرار مطول لعبارة: « أنا صحيحٌ سليمٌ لأنك في داخلي» مع إنشاد كلمة [أوم] بإيقاع ممدود لأكثر من دقيقة ....

وأوضح السوامي أن قوة الشفاء استمدها بنفسه، عن طريق التركيز والإخلاص والإيمان بفعالية التوكيد، من الروح الكوني أو الله، وقام بنقلها إلى الجمهور عبر وسيلة اهتزاز الصوت الذي، بحسب ما صرّح به، أدّى إلى إحداث تغير كيميائي في خلايا الجسم، وترتيب جديد لخلايا الدماغ، وبالطبع شريطة أن يكون المتلقي للموجات الاهتزازية مُركّزاً تركيزاً

صحيحاً ومُشبعاً بالإخلاص.

"إيمانك قد شفاك". غالباً ما اقتبس برمهنسا يوغانندا كلمات يسوع المسيح هذه، مشيراً إلى أن التقبُّل الداخلي للشخص هو أمرٌ حيوي من أجل إحداث الشفاء. في ١٦ أكتوبر/تشرين الأول ١٩٢٦ اقتبست صحيفة سينسيناتي إنكوايرر بعض كلمات المؤلف الخاصة حول قوة الشفاء الموجودة في الإنشاد والتوكيد:

«أمام جمهور غير مدرّب قوامه ٣٠٠٠ شخص في قاعة كارنيغي، بنيويورك، وأمام حشد مشابه تقريباً في قاعة الجنود التذكارية في بيتسبرغ، ودون عمل أي بروفة، بدأتُ في الإنشاد وطلبتُ من الجمهور متابعة الإنشاد معي. أثناء الإنشاد أو التوكيدات، طلبتُ من جمهوري الاسترخاء والترديد بفهم لتوكيدات الصحة والرخاء والإدراك الروحي...»

«لقد عرفَ قديسو الهند منذ العصور القديمة كيفية إطلاق نوتات اهتزازية محددة في الأثير من خلال تنغيم أناشيدهم الفيدية بطريقة خاصة، وتلك كانت بمثابة محفزات لإيقاظ قوة الشفاء الإلهي الصامتة وكذلك الطاقة الكونية للعمل بسرعة في التخلص من المرض أو الحزن أو الفقر».

لم يمضِ وقت طويل على بدء برمهنسا يوغانندا في تقديم توكيدات الشفاء الموضّحة أعلاه للجمهور، حتى تم نشر كتاب توكيدات شفاء علمية Scientific

Healing Affirmations من قبل الجماعة التي أسسها، والتي حافظت على طبعه بشكل مستمر منذ ذلك الحين. على مر السنين، قامت Self-Realization Fellowship بتوسيع الكتاب في عدة طبعات لاحقة، من أجل تضمين توكيدات إضافية قدمها شري [السيد] يوغانندا في محادثات وفصول تعليمية لاحقة. وخلال ثلاثينيات وأربعينيات القرن الماضي، كان المعلم العظيم دائماً يفتتح أو يختتم خدماته المُلهمة في معابد Self-Realization Fellowship التي أسسها بالطلب من الحاضرين أن يرددوا معه أحد التوكيدات للشفاء، أو لإيقاظ قوة الإرادة، أو الإخلاص، أو للشعور بالحضور الإلهي.

يمثل هذا الكتاب — كما في الحقيقة جميع أعمال برمهنسا يوغانندا — ظاهرة نادرة في عالم النشر: كتاب لم تصل شعبيته إلى الذروة ثم تراجعت في غضون سنوات قليلة بعد ظهوره، لكن جاذبيته الواسعة ازدادت بثبات عقداً بعد عقد. والآن يكتشف جيل جديد هذا الدليل الكلاسيكي للشفاء بالقوة الخارقة لطاقة الحياة — برانا Prana أو قوة الحياة التي لم تكن فقط جوهر علوم الشفاء في الحضارات القديمة الأكثر تطوراً، ولكنها ستكون أيضاً طِب العقل والجسم في المستقبل.

—Self-Realization Fellowship

ميراث برمهنسا يوغانندا الروحي

جميع كتاباته، ومحاضراته، وأحاديثه غير الرسمية

أسس برمهنسا يوغانندا Self-Realization Fellowship في عام ١٩٢٠ لنشر تعاليمه في جميع أنحاء العالم وللحفاظ على نقائها وسلامتها للأجيال القادمة. لقد كان كاتباً ومحاضراً غزير الإنتاج منذ سنواته الأولى في أمريكا، ووضع مجموعة ضخمة ومشهورة من الأعمال حول علم اليوغا الخاص بالتأمل، وفن الحياة المتوازنة، والوحدة الأساسية لجميع الأديان الكبرى. اليوم، يستمر هذا الإرث الروحي الفريد والبعيد الأثر ويلهم الملايين من الباحثين عن الحقيقة في جميع أنحاء العالم.

وامتثالاً لرغبات المعلم العظيم الصريحة، استمرت Self-Realization Fellowship في أداء المهمة المتواصلة المتمثلة في نشر الأعمال الكاملة لبرمهنسا يوغانندا وإبقائها مطبوعة بشكل دائم. لا يشمل هذا فقط الطبعات النهائية لجميع الكتب التي نشرها إبان حياته، ولكن أيضاً العديد من العناوين الجديدة — الأعمال التي ظلت غير منشورة وقت انتقاله من هذا العالم في عام ١٩٥٢، أو التي تم نشرها في حلقات على مر السنين في صيغ غير مكتملة في مجلة Self-Realization Fellowship Magazine،

إضافة إلى مئات المحاضرات والأحاديث غير الرسمية ذات الإلهام العميق التي تم تسجيلها والتي لم تنشر قبل رحيله.

لقد اختار برمهنسا يوغانندا ودرّب شخصياً أولئك التلاميذ المقربين منه الذين تولوا إدارة مجلس منشورات Self-Realization Fellowship منذ رحيله، وأعطاهم إرشادات محددة بشأن إعداد ونشر تعاليمه. إن أعضاء مجلس منشورات Self-Realization Fellowship (من رهبان وراهبات نذروا أنفسهم للزهد والخدمة الإيثارية) يحترمون تلك الإرشادات كأمانة مقدسة بحيث تستمر الرسالة العالمية لهذا المعلم العالمي المحبوب بقوّتها وأصالتها.

لقد تم تصميم شعار Self-Realization Fellowship (الذي يظهر على صفحة سابقة) بواسطة برمهنسا يوغانندا لتمييز المؤسسة غير الربحية التي أسسها بصفتها المصدر المعتمد لتعاليمه. إن اسم وشعار SRF يظهران على جميع منشورات وتسجيلات Self-Realization Fellowship، مما يؤكد للقارئ أن العمل صادر عن المؤسسة التي أسسها برمهنسا يوغانندا وتنقل تعاليمه بالطريقة التي أراد هو إيصالها للجمهور.

—Self-Realization Fellowship

المحتويات

الجزء الأول لنظرية الشفاء

١ لماذا تعمل التوكيدات

٢ طاقة الحياة تجلب الشفاء

٣ شفاء الجسم، والعقل، والروح

٤ طبيعة الخليقة

الجزء الثاني طريقة الممارسة

٥ أسلوب التوكيد

٦ توكيدات شفاء علمية

الجزء الأول
نظرية الشفاء

١

لماذا تعمل التوكيدات

࿏

كلمة الإنسان هي الروح في الإنسان. الكلمات المنطوقة هي أصواتٌ مصدرها اهتزازات الفكر. الأفكار هي اهتزازات تطلقها الذات أو النفس. كل كلمة تنطقها يجب أن تكون قوية ومشحونة باهتزاز النفس. إذا عجز الإنسان عن تشبيع كلماته بالقوة الروحية تكون هامدة لا حياة فيها. الثرثرة والمبالغة والكذب تجعل كلماتك واهنة عقيمة كالرصاص الورقي المقذوف من مسدس لعب للأطفال. إن كلام وصلوات الأشخاص الثرثارين أو غير دقيقي العبارة لا تكفي لإحداث تغييرات ذات شأن في مسار الأمور. كلمات الإنسان يجب ألا تعبّر عن الحقيقة وحسب، بل أيضاً عن فهمه الأكيد ومعرفته اليقينية. الكلام بدون قوة روحية هو كالتبن بلا حبوب.

القوة الروحية في كلمة الإنسان

الكلمات المشبعة بالإخلاص واليقين والإيمان والحدس هي كالقنابل الاهتزازية شديدة الانفجار، التي ––– لدى إطلاقها ––– تحطم صخور المصاعب وتخلق التغيير المرغوب. تحاشَ التلفّظ بالكلام غير السار حتى ولو كان صحيحاً. الكلمات المخلصة والتوكيدات المكررة بفهم وشعور وعن طيب خاطر لها المقدرة على حفز القوة الكونية الاهتزازية لتقديم العون لكَ عندما تواجهك أزمات وصعوبات. التمس العون من تلك القوة العظمى بثقة لا متناهية، طارداً كل الشكوك، وإلا سينحرف سهم ذهنك ويخطئ الهدف.

بعدما تغرس بذرة صلاتك الاهتزازية في تربة الوعي الكوني، لا تنبشها بصورة متكررة لترى ما إذا كانت قد نبتت أم لا. أعطِ القوى المقدسة الفرصة كي تعمل بدون انقطاع.

قوة الإنسان الممنوحة له من الله

لا يوجد أعظم من الوعي الكوني أو الله. فقواه تفوق بما لا يُقدّر العقل البشري. اطلب العون منه وحده. ولكن هذه النصيحة لا تعني أن تصبح سلبياً، خاملاً، أو ساذجاً

سريع التصديق، ولا تعني التقليل من شأن قوتك العقلية. الرب يساعد الذين يساعدون أنفسهم. لقد وهبك قوة الإرادة والتركيز والإيمان والعقل والفطرة السليمة كي تستخدمها عند محاولتك التخلص من الأمراض الجسدية والمضايقات النفسية. يجب أن تستخدم كل تلك القوى، ملتمساً في نفس الوقت عونه الإلهي.

عندما تنطق الابتهالات أو التوكيدات ثق دوماً بأنك تستخدم قواك الذاتية، ولكن الممنوحة لك من الله، كي تشفي نفسك والآخرين. اطلب عونه إنما تيقّن بأنك، كابنه المحبوب، تستخدم عطاياه من إرادة وعاطفة وعقل كي تحل كل مشكلات الحياة الصعبة. يجب خلق توازن ما بين فكرة العصر الوسيط المتمثلة في الاتكال الكلي على الله وبين الطريقة العصرية في الاعتماد الوحيد على الذات.

استخدام الإرادة والشعور والعقل

عندما يستخدم الشخص توكيدات متنوعة، فيجب أن تتغير حالته الذهنية. مثال على ذلك، التوكيدات الإرادية يجب أن تقترن بالتصميم القوي، والتوكيدات الشعورية بالصدق والإخلاص، والتوكيدات العقلية بالفهم النقي. عند شفاء الآخرين، انتقِ توكيداً مناسباً لطبع المريض

ومزاجه: الاندفاعي، الخيالي، العاطفي، أو العقلاني. في كل التوكيدات تأتي قوة الانتباه في الدرجة الأولى، ولكن للمواظبة والتكرار أهمية كبيرة أيضاً. اشحن توكيداتك، على نحوٍ مركّز ومتكرر، بالإخلاص والإرادة والإيمان، دون المبالاة بالنتائج التي ستأتي تلقائياً كثمرة طبيعية لجهودك.

في عملية الشفاء الجسدي، يجب عدم تركيز الذهن على المرض كي لا يتضعضع إيمان الشخص ويتضاءل. بل يجب أن يكون التركيز على قوى العقل اللامتناهية. وعند التغلب عقلياً على الخوف والغضب والعادات السيئة، وما إلى ذلك، يجب أن يكون التركيز على الصفات المتضادة، بما معناه شفاء الخوف هو الوعي بالشجاعة، وشفاء الغضب هو الوعي بالسلام، وشفاء الضعف يكون الوعي بالقوة، وشفاء المرض الوعي بالصحة.

المسؤولية العقلية عن الأمراض المزمنة

أثناء محاولة الشفاء، غالباً ما يركز المرء على القوة المسيطرة للمرض أكثر من التركيز على إمكانية العلاج، مما يسمح للمرض بأن يكون عادة عقلية وجسدية على حد

سواء. هذا صحيح بشكل خاص في معظم حالات العصبية. فكل فكرة عن الاكتئاب أو السعادة، التهيُّج أو الهدوء، تحفر أخاديدَ دقيقة في خلايا الدماغ وتقوّي الميول نحو المرض أو العافية.

إن الفكرة اللاشعورية للمرض أو الصحة لها تأثير قوي. في كثير من الأحيان يكون للأمراض العقلية أو الجسدية المستعصية جذور عميقة في اللاوعي. يمكن علاج المرض باقتلاع جذوره الخفية. ولهذا السبب يجب أن تكون جميع توكيدات العقل الواعي مؤثّرة بما يكفي لتتغلغل في العقل الباطن، والذي بدوره يؤثر تلقائياً على العقل الواعي. وهكذا تؤثر التوكيدات الواعية القوية على العقل والجسد من خلال وسيط اللاوعي. أما التوكيدات الأقوى فتصل ليس فقط إلى العقل الباطن، ولكن أيضاً إلى الوعي السامي — المخزن العجيب للقوى الخارقة.

يجب التدرُّب على إقرار وتأكيد الحقيقة طواعية، وبحرّية وذكاء وإخلاص. ويجب عدم السماح للانتباه بالتشتت. وكالطفل الهارب، يتعين العودة بالذهن الشارد مراراً وتكراراً وتدريبه بشكل متكرر وبأناة لأداء المهمة المناطة به.

الانتباه والإيمان ضروريان

للوصول إلى الوعي السامي، يجب أن تكون جميع التوكيدات خالية من عدم اليقين والشكوك. الانتباه والإيمان هما نوران ينقلان حتى التوكيدات غير المفهومة بشكل كامل إلى العقل الباطن والعقل السامي.

الأناة والتكرار اليقِظ والذكي يصنعان العجائب. التوكيدات الخاصة بعلاج الآلام العقلية أو الجسدية المزمنة يجب تكرارها كثيراً وبعمق وباستمرار (مع تجاهل تام للظروف المتغيرة غير المستجيبة أو المعاكسة، فيما إن وُجدت)، حتى تصبح جزءاً من قناعات المرء البديهية العميقة. إذا كان لا بد من أن يأتي الموت، فالموت مع القناعة بامتلاك صحة جيدة أفضل من الموت مع التفكير بأن مرضاً عقلياً أو جسدياً غير قابل للعلاج.

ومع أن الموت قد يكون النهاية الضرورية للجسد وفقاً للمعرفة البشرية الحالية، إلا أن «ساعته المقدّرة» ربما تتغير بقوة الروح.

٢

طاقة الحياة تجلب الشفاء

قال السيد المسيح: «لا يحيا الإنسان بالخبز وحده، بل بكل كلمة تخرج من فم الله».*

«الكلمة» هي طاقة الحياة أو القوة الاهتزازية الكونية. «فم الله» هو النخاع المستطيل في الجزء الخلفي من الدماغ، والذي ينتهي استدقاقاً بالنخاع الشوكي. هذا الجزء الأكثر حيوية في جسم الإنسان، هو المدخل الإلهي («فم الله») «للكلمة» أو طاقة الحياة التي يُعال بها الإنسان. في الكتب المقدسة الهندوسية والمسيحية، تُدعى الكلمة، على التوالي، أوم و آمين.

وهذه القوة الكاملة هي وحدها التي تشفي، أما جميع طرق التنشيط الخارجية فهي تتعاون فقط مع طاقة الحياة ولا قيمة لها بدونها.

* متى ٤: ٤. انظر يوحنا ١: ١، «في البدء كان الكلمة، والكلمة كان عند الله، وكان الكلمة الله»

العلاج وفقاً للمزاج

قد يساعد الطب أو التدليك أو تعديل العمود الفقري أو العلاج الكهربائي في إعادة الحالة المتناغمة المفقودة إلى الخلايا عن طريق جَعل الدم يتكيف مع المواد الكيميائية أو عن طريق التحفيز الفسيولوجي. هذه طرق خارجية تساعد أحياناً طاقة الحياة في إحداث العلاج، لكن لا قدرة لها على بث النشاط في جثة خرجت منها طاقة الحياة.

يمكن استخدام الخيال أو العقل أو الإيمان أو العاطفة أو الإرادة أو التمرين وفقاً للطبيعة الخاصة للفرد ―― سواء كانت خيالية، أو عقلية، أو طموحة، أو عاطفية، أو إرادية أو كفاحية، وقلة من الناس يعرفون ذلك.

لقد أكّد المعالج النفساني كوي قيمة الإيحاء الذاتي*، ولكن شخصاً من ذوي الميول العقلية لا يتفاعل مع الإيحاء ولا يتأثر سوى بالبحوث الميتافيزيقية بفعل تفوق قوة الوعي على الجسد. مثل ذلك الشخص يحتاج إلى تفهّم القوة النفسية من كافة جوانبها. فان استطاع أن يدرك مثلاً

---

* لقد كانت معالجة كوي النفسانية ترتكز على قوة التخيّل بدل الإرادة. إذ استخدم صيغاً وعبارات كالعبارة التالية الشهيرة: «يوماً بعد يوم، ومن كل ناحية، يزداد وضعي تحسناً.» وكان يتعيّن تكرار هذه العبارة مرات عديدة عندما يكون الفكر في حالة تقبّل، على أمل أن تجد الكلمات طريقها إلى أعماق الوعي الباطني أو اللاشعور فتزحزح بذلك وتزيح الأفكار المسببة للكآبة والمرض.

بأن الطفح الجلدي يمكن إحداثه بالتنويم المغناطيسي حسبما يقول وليام جيمس في «مبادئ علم النفس»، يستطيع أن يدرك بالمثل استخدام قوة العقل في شفاء الأمراض.

إذا كان للعقل المقدرة على خلق صحة رديئة فبإمكانه أيضاً خلق صحة جيدة. إن قوة العقل قد نمّت وطورت كل أعضاء الجسم. العقل يشرف على تصنيع خلايا الجسم وله القدرة أيضاً على تجديد حيويتها.

الإيحاء الذاتي لا قدرة له أيضاً على التأثير في شخص قوي الإرادة. فإنسان كهذا يمكن شفاؤه من مرض ما باستخدام التوكيدات التي تساعد على تقوية إرادته بدلاً من تنشيط خياله. ومع ذلك فالإيحاء الذاتي يفيد بالتحديد الأشخاص ذوي المزاج العاطفي.

قوة العاطفة والإرادة

تم تسجيل حالة لشخص عاطفي فقدَ القدرة على الكلام، لكنه استعادها عندما فرَّ من مبنىً محترق. تسببت الصدمة المفاجئة من رؤية ألسنة اللهب في صراخه: «حريق! حريق!» — دون أن يتذكر أنه حتى تلك اللحظة لم يكن قادراً على الكلام. لقد تغلّبت العاطفة القوية على عادة المرض المترسخة في عقله الباطن. هذه القصة توضّح

القوة العلاجية للانتباه الشديد.

أثناء رحلتي الأولى في الباخرة من الهند إلى سيلان [سريلانكا]، تعرضتُ فجأة لنوبة من دوار البحر وفقدتُ المحتويات الثمينة لمعدتي. لقد استأتُ كثيراً من تلك التجربة التي داهمتني في وقت كنت أستمتع فيه بتجربتي الأولى في غرفة عائمة (مقصورة) وقرية سابحة. لقد قررت ألا أنخدع مرة أخرى أبداً. مددتُ قدمي للأمام وغرستها بقوة على أرضية المقصورة وأمرتُ إرادتي بألا تقبل أبداً دوار البحر مرة ثانية. فيما بعد، وعلى الرغم من سفري بحراً لمدة شهر إلى اليابان وعودتي إلى الهند، ولمدة خمسين يوماً من كلكتا إلى بوسطن، ولمدة ستة وعشرين يوماً من سِياتل إلى ألاسكا والعودة، لم أشعر بدوار البحر مرة أخرى.

تنبيه طاقة الحياة

لا يمكن للإرادة، أو الخيال، أو العقل، أو أي من القوى العاطفية أن تُحدث بحد ذاتها الشفاء الجسدي. إنها تعمل فقط كعوامل مختلفة، والتي، وفقاً للتفاوت في مزاج الأفراد، قد تحفز طاقة الحياة لعلاج المرض. في حالة شلل الذراع، إذا تم تحفيز الإرادة أو الخيال بشكل مستمر، فقد

تتدفع طاقة الحياة فجأة إلى الأنسجة العصبية المريضة وتشفي الذراع.

يجب أن يتم تكرار التوكيدات بحزم واستمرار، وأن تكون قوة الإرادة أو العقل أو العاطفة كافية لتحفيز طاقة الحياة غير النشطة وإعادة توجيهها إلى القنوات الطبيعية. لا ينبغي لأحد أن يقلل من أهمية الجهود المتكررة والمعمقة على نحو متزايد. يعتمد النجاح في الزراعة على عاملين اثنين: قوة البذرة وصلاحية التربة. وبالمثل، فإن أساسيات شفاء المرض تكمن في قوة المعالج وتقبُّل المريض.

إن الأقوال الإنجيلية مثل «قوة (أي قوة الشفاء) قد خرجت منه» و «إيمانكِ قد شفاكِ»*: تبين أن قوة المعالِج وإيمان المريض كلاهما مطلوبان.

المعالجون الكبار الحاصلون على المعرفة الإلهية لا يشفون بطريق المصادفة، بل بمعرفة دقيقة لقوانين الشفاء. وإذ يمتلكون معرفة تامة بكيفية التحكم بقوة الحياة، يرسلون تياراً منشّطاً إلى المريض بحيث يقوم هذا التيار بتعديل انسياب طاقة الحياة في المريض بتوافق وانسجام. وأثناء العلاج يبصرون فعلاً عمل قوانين الطبيعة النفسانية والمادية في أنسجة المريض، مُحدِثة بذلك الشفاء.

* مرقس ٥:٣٠،٣٤

الأشخاص الذين ليس لديهم نفس التقدم الروحي يمكنهم أيضاً علاج أنفسهم والآخرين عن طريق تصوّر وتوجيه تدفق طاقة الحياة إلى أعضاء الجسم المتضررة.

الشفاء الفوري من الأمراض الجسدية والعقلية والروحية أمرٌ ممكن. الظلام المتراكم على مر العصور يمكن تبديده بجلب النور وليس بمحاولة طرد الظلام. لا يمكن للمرء أن يعرف متى سيشفى، لذلك لا تحاول وضع حد زمني محدد. الإيمان وليس الوقت، هو ما يحدد متى سيحدث العلاج. تعتمد النتائج على الإيقاظ الصحيح لطاقة الحياة وعلى الحالة الواعية وحالة اللاوعي للفرد. الشك يشلّ طاقة الحياة ويمنع العمل المُتقن لهذا الطبيب الإلهي الذي هو البَنّاء البارع للجسم.

الجهد والانتباه ضروريان لبلوغ درجة كافية من الإيمان أو قوة الإرادة أو الخيال كي تدفع تلقائياً طاقة الحياة لإحداث علاج. الرغبة في النتائج أو توقُّعها يضعفان قوة الإيمان الحقيقي. إن طاقة الحياة تظل هاجعة أو متوقفة عن العمل ما لم يستخدم الشخص الإرادة والإيمان.

إن تنشيط قوة الإرادة أو قوة الإيمان أو التخيّل الضعيفة لدى مريض يعاني من مرض مزمن يستغرق وقتاً، لأن أفكار المرض محفورة بدقة في خلايا دماغه. ولأن تكوين عادة سيئة للوعي بالمرض قد يستغرق وقتاً طويلاً، فقد

يتطلب الأمر أيضاً بعض الوقت لتكوين عادة جيدة للوعي بالصحة.

إذا أكدت لنفسك، «أنا بخير»، لكنك تعتقد في خلفية عقلك أن هذا غير صحيح، فإن تأثير ذلك لا يختلف عن تناولك دواءً مفيداً وفي نفس الوقت تقوم بتناول دواء مقاوم لتأثير الدواء النافع. عند استخدام الفكر كدواء، يجب أن تحرص على عدم إبطال مفعول الأفكار الصحيحة بأفكار خاطئة. ولكي يكون الفكر نشطاً وموفقاً، يجب أن يتشبع بقوة إرادة عظيمة بحيث يتمكن من مقاومة المعارضة الصادرة عن الأفكار المعاكسة.

الحقيقة هي القوة في التوكيد

يجب فهم الأفكار وتطبيقها بشكل صحيح قبل أن تصبح فعّالة. تدخل الأفكار أولاً إلى عقل الإنسان كمادة خام أو غير مهضومة. تلك الأفكار تحتاج لأن يتم استيعابها بالتأمل العميق. الفكر غير المدعوم بقناعة روحية لا قيمة له. ولهذا السبب فإن الأشخاص الذين يستخدمون التوكيدات دون فهمٍ للحقيقة التي تستند إليها — وحدة الإنسان التي لا انفصام لها مع الله — يحصلون على نتائج هزيلة ويشتكون من أن الأفكار لا تمتلك قوة شفاء.

٣

شفاء الجسم، والعقل، والروح

في مظهره البشري، الإنسان هو كائن ذو طبيعة ثلاثية. فهو يتوق إلى التحرر من كل أنواع المعاناة، واحتياجاته هي:

١. شفاء الأمراض الجسدية.

٢. شفاء الأمراض العقلية والنفسية مثل الخوف، والغضب، والعادات السيئة، ووعي الفشل، وعدم امتلاك روح المبادرة والثقة ونحو ذلك.

٣. شفاء الأمراض الروحية مثل اللامبالاة، والافتقار إلى هدف، والكبرياء العقلي، والتعصب العقائدي والمذهبي، والشك، والقناعة بالجانب المادي من الوجود، والجهل بقوانين الحياة وألوهية الإنسان.

من الأهمية بمكان أن يتم التركيز بشكل متساوٍ على الوقاية والعلاج من جميع أنواع الأمراض الثلاثة.

اهتمام معظم الناس ينصّبُّ فقط على علاج الاضطرابات الجسدية، لأنها ملموسة وواضحة، ولا

يدركون أن اضطراباتهم العقلية الناجمة عن القلق والأنانية وما إلى ذلك، وتعاميهم روحياً عن المعنى الإلهي للحياة هي الأسباب الحقيقية لكل الشقاء البشري.

عندما يتمكن الشخص من القضاء على البكتيريا العقلية المتمثلة في التعصب والغضب والخوف، ويحرر روحه من الجهل فمن غير المرجح أن يعاني من مرض جسدي أو نقص عقلي.

لتفادي المرض الجسدي

إن مراعاة قوانين الله المادية هي الوسيلة لتجنب العلل الجسدية.

لا تفرط في تناول الطعام. معظم الناس يموتون نتيجة الشره والجهل بالعادات الغذائية الصحيحة.

امتثل لقوانين الله الخاصة بالنظافة. إن النظافة الصحية للحفاظ على العقل نظيفاً نقياً تفوق النظافة الجسدية، لكن الأخيرة مهمة ولا ينبغي إهمالها. ومع ذلك، لا تتقيد بهذه القواعد الصارمة التي تتسبب في إزعاجك لأقل انحراف عن عاداتك الاعتيادية.

امنع تدهور صحة الجسم من خلال معرفة كيفية الحفاظ على الطاقة البدنية وتزويد الجسم بكمية لا تنضب من تيار

الحياة بممارسة تمارين Self-Realization Fellowship.

امنع تصلب الشرايين باتباع نظام غذائي سليم.

احفظ القلب متحرراً من الإرهاق. الخوف والغضب يجهدانه وينهكانه. امنح راحة للقلب بممارسة طريقة -Self Realization وبتنمية حالة نفسية سليمة.

إذا قدّرنا كمية الدم التي يضخّها القلب بأربع أونصات في كل مرة ينقبض فيها البطينان، فإن وزن الدم الناتج خلال دقيقة واحدة يصل إلى ثمانية عشر رطلاً، وإلى حوالي اثني عشر طناً في اليوم الواحد، وإلى أربعة آلاف طن في السنة. هذه الأرقام تشير إلى المقدار الهائل من العمل الذي يقوم به القلب.

يعتقد الكثير من الناس أن الراحة يحصل عليها القلب خلال فترة الانبساطية التوسعية، والتي تصل إلى حوالي التسع ساعات من أصل أربع وعشرين ساعة يومياً. ومع ذلك فإن هذه الفترة ليست راحة حقيقية، لأنها مجرد تحضير للحركة الانقباضية. الاهتزازات الناتجة عن تقلص البطينين يتردد صداها عبر أنسجة القلب أثناء استرخائه، وبالتالي لا يكون مستريحاً.

الطاقة التي تُستهلك ليلاً ونهاراً تتسبب طبيعياً بإنهاك عضلات القلب. وبالتالي فإن إراحة هذه العضلات ستكون ذات قيمة كبيرة في الحفاظ على الصحة. إن التحكم الواعي

في النوم والنوم والاستيقاظ حسب الرغبة هي جزء من تدريب اليوغا الذي يمكن للإنسان من خلاله تنظيم ضربات القلب. وتأتي السيطرة على الموت عندما يستطيع المرء توجيه حركة القلب بطريقة واعية. الراحة والطاقة المتجددة اللتين يحصل عليهما الجسم عن طريق النوم هما مجرد انعكاس باهت للهدوء الرائع والقوة العجيبة اللذين يأتيان من خلال «النوم الواعي»، عندما يرتاح القلب أيضاً.

قال القديس بولس في كورنثوس الأولى ١٥:٣١ «إنني بابتهاجكم الذي لي في يسوع المسيح ربنا أموت كل يوم» ––– أي أن السلام المقدس الذي يأتي مع وعي المسيح يريح أو يوقف القلب. وهناك فقرات إنجيلية عديدة تشير إلى أن الأنبياء القدامى عرفوا الطريقة العظيمة لإراحة القلب بالتأمل العلمي أو بالإخلاص التام لله.

في سنة ١٨٣٧ دُفن الناسك الهندي المشهور سادهو هاريداس تحت التراب تحت رقابة صارمة بناءً على طلب من مهراجا البنجاب رانجيت سنغ، وظل اليوغي مدفوناً لأربعين يوماً داخل صندوق مقفل تحت رقابة عسكرية متواصلة. ولدى انتهاء تلك الفترة تم نبش جسمه بحضور العديد من الوجهاء وأعيان المحكمة بما فيهم الكولونيل السر سي. إم. وايد من لندن، والعديد من الإنكليز من المنطقة المجاورة، فاستعاد سادهو هاريداس تنفسّه وعاد

إلى الحياة الطبيعية. وفي اختبار سابق قام به راجا دهايان سنغ في جمّو بكشمير ظل سادهو هاريداس مدفوناً لأربعة شهور، فهو قد أتقن فن التحكم بالقلب وإراحته.

لتفادي المرض العقلي

اعمل على تنمية السلام والإيمان بالله، وحرر العقل من الأفكار المقلقة واملأه بالمحبة والفرح. تأكد يقيناً أن العلاج العقلي يفوق من حيث الأهمية العلاج الجسدي. اطرد العادات السيئة التي تجعل الحياة بائسة.

لتفادي المرض الروحي

رَوحِن الجسد بالقضاء على وعي الفناء والتغيير. الجسد هو اهتزازات مجسّدة ويجب إدراكه على هذا النحو. يجب التخلّص من وعي المرض والتحلل والموت من خلال الفهم العلمي للقوانين الأساسية الموحدة للمادة والروح، وإدراك أنه من قبيل الوهم تبدو الروح مادة واللانهائي محدوداً. ثق تماماً بأنك مخلوق على صورة الآب ولذلك فأنت خالد وكامل.

لقد أثبت العلم أن لا شيء قابل للفناء، ولا حتى جسيم صغير من المادة أو موجة من الطاقة. كما أن الروح أو

الجوهر الروحي للإنسان غير قابل للتدمير. المادة تخضع للتغيير، أما الروح فتمر بتجارب متغيرة. التغييرات الجذرية تُدعى موتاً، لكن الموت أو التغيير في الشكل لا يغير أو يدمر الجوهر الروحي.

يتم تدريس طرق مختلفة على التركيز والتأمل، لكن أساليب Self-Realization هي الأكثر فعالية. مارس في حياتك اليومية اختبارات السلام والتوازن التي تحصل عليها أثناء التركيز والتأمل. حافظ على توازنك وسط الظروف العصيبة. لا تترك نفسك للعواطف العنيفة واثبت ولا تتزعزع أمام تقلبات الظروف والأحداث المعاكسة.

تقييم الطرق العلاجية

يُعتبر المرض بشكل عام نتيجة لأسباب مادية خارجية، وقلة من الناس يدركون أن ذلك يحصل بسبب عدم نشاط قوة الحياة في الداخل. عندما تتعرض الخلايا أو الأنسجة، التي هي الوسيلة التي تعمل من خلالها طاقة الحياة، لضرر بالغ، تُسحب منها طاقة الحياة وتبدأ المشاكل نتيجة لذلك. الدواء والتدليك والكهرباء، هذه الأمور تساعد فقط على تنشيط الخلايا بحيث يتم حث طاقة الحياة لكي تعود وتعاود عملها المتمثل في الصيانة

والترميم.

لا ينبغي أن نكون متطرفين بأي شكل من الأشكال، ولكن يجب أن نتبنى أي طرق مناسبة للشفاء، وفقاً للقناعة الفردية. الأدوية والأغذية لها تأثير كيميائي محدد على الدم والأنسجة. وما دام المرء يتناول طعاماً، فلماذا ينكر أن الأدوية والوسائل المادية الأخرى المساعِدة لها أيضاً تأثير على الجسم؟ إنها مفيدة طالما أن الوعي المادي في الإنسان هو السائد. ومع ذلك فهي محدودة لأن استخدامها يتم من الخارج. أفضل الطرق هي تلك التي تساعد طاقة الحياة على استئناف أنشطتها العلاجية الداخلية.

الدواء قد يساعد الدم والأنسجة كيميائياً، وقد يكون استخدام الأجهزة الكهربائية مفيداً أيضاً. لكن لا الدواء ولا الكهرباء يستطيعان علاج المرض، بل يمكنهما فقط تحفيز أو استمالة طاقة الحياة للعودة إلى الجزء المريض والمهمل من الجسد. إن إدخال عنصر غريب، سواء كان دواءً أو كهرباء أو أي وسيط آخر للمساعدة هو أمرٌ غير مرغوب فيه إذا تمكّنا من استخدام قوة الحياة بشكل مباشر.

تطبيق قوانين الله على المادة

المراهم قد تكون مفيدة للحكة والتقرحات والجروح وما إلى ذلك. إذا تعرضت ذراعك أو ساقك للكسر، فليس من الضروري تكليف طاقة الحياة بتجبير كسور العظام النازحة عندما يستطيع الجرّاح (الذي هو ابن لله وبالتالي قادر على العمل كأداةٍ له) أن يجبّرها باستخدام مهارته ومعرفته بقوانين الله التي يمكن تطبيقها على المادة. إذا كان بإمكانك أن تشفي عظامك المكسورة على الفور من خلال القوة العقلية فافعل ذلك، ولكن من غير الحكمة أن تنتظر حتى تحرز تلك القوة.

بالصيام، والتدليك، وطب تقويم العظام، وتعديل فقرات العمود الفقري بالعلاج الطبيعي، ووضعيات اليوغا، وما إلى ذلك، قد نساعد في إزالة أو تخفيف الضغط عن الأعصاب أو الفقرات والسماح بالتدفق الحر لطاقة الحياة.

إحراز قوة التحكم بطاقة الحياة

من ناحية أخرى، يفوق العلاج العقلي جميع طرق العلاج الجسدي لأن الإرادة، والخيال، والإيمان، والعقل هي حالات من الوعي تعمل فعلياً وبشكل مباشر من الداخل وتقوم بتزويد القوة الدافعة التي تنشّط وتوجّه طاقة الحياة

لإنجاز أي وظيفة محددة.

الإيحاء الذاتي والتوكيدات المختلفة مفيدة في تنشيط طاقة الحياة، ولكن نظراً لأن الممارس غالباً ما يستخدم مثل هذه الأساليب العقلية البحتة دون العمل بطريقة واعية مع طاقة الحياة، يفشل في إنشاء أي اتصال فسيولوجي، ولذلك لا تكون تلك الأساليب فعالة دائماً. يصبح العلاج مؤكَّداً إذا تم دمج الأساليب النفسية والمادية مع قوة الإرادة والإيمان والعقل لتوجيه طاقة الحياة كي تصل إلى العقل السامي. في تلك الحالة المباركة للحقيقة، يدرك المرء الوحدة التي لا تنفصم بين المادة والروح ويحل جميع المشاكل الناجمة عن التنافر وعدم الانسجام.

إن تعاليم Self-Realization تقدم طريقة عملٍ لتسخير الإرادة كي تقوم بتوجيه حركة طاقة الحياة الاهتزازية الفعلية إلى أي جزء من الجسم. وبهذه الكيفية يشعر المرء بطريقة محددة بالتدفق الداخلي للقوة الاهتزازية الكونية

٤

طبيعة الخليقة

∽

المادة غير موجودة على نحو ما نتصور وجودها عادة.

ومع ذلك فهي موجودة كوهمٍ كوني. تبديد الوهم يتطلب طريقة محددة. لا يمكنك علاج مدمن مخدرات في لحظة. الوعي المادي يستحوذ على الإنسان من خلال قانون الوهم ولا يمكن التخلص منه إلا بمعرفة واتّباع القانون المعاكس: قانون الحقيقة.

الروح أصبحت مادة من خلال سلسلة من عمليات التجسيد. ولذلك تبزغ المادة من الروح ولا يمكن أن تكون مختلفة عن مصدرها. المادة هي تعبير جزئي عن الروح. اللانهائي يبدو أنه نهائي وغير المحدود يظهر محدوداً. ولكن بما أن المادة ليست سوى روح في مظهرٍ وهمي، فإن المادة في حد ذاتها غير موجودة.

الوعي والمادة

في بداية الخلق، أظهر الروح الكوني الذي لم يكن قد ظهر بعد طبيعتين اثنتين: واحدة، الوعي، والأخرى، المادة. وهاتان الطبيعتان هما التعبيران الاهتزازيان للروح. الوعي هو اهتزاز أكثر دقة والمادة اهتزاز أكثر كثافة للروح الفائق.

الوعي هو اهتزاز للمظهر الذاتي للروح، والمادة هي اهتزازه الشيئي أو الموضوعي. الروح، كوعيٍ كوني، هو ذو حلول كامن جوهريًا في المادة الاهتزازية الموضوعية، ويتجلى ذاتياً بصُوَرة الوعي الموجود في جميع أشكال الخليقة، وصولاً إلى أعلى تعبير له في العقل البشري بتشعباته التي لا حصر لها من أفكار، ومشاعر، وإرادة، وخيال.

الاختلاف بين المادة والروح هو في معدل الاهتزاز أو الذبذبة ـــ اختلاف في الدرجة وليس النوع. يمكن فهم هذه النقطة بشكل أفضل من خلال المثال التالي. على الرغم من أن جميع الاهتزازات متشابهة نوعياً، إلا أن الاهتزازات التي تتراوح من ١٦ إلى ٢٠٠٠٠ دورة في الثانية هي كثيفة بما يكفي لتكون مسموعة لحاسة السمع لدى الإنسان، ولكن الاهتزازات التي تقلّ عن ١٦ أو تزيد عن ٢٠٠٠٠

هي غير مسموعة بشكل عام. لا يوجد فرق جوهري بين الاهتزازات المسموعة وغير المسموعة، على الرغم من وجود فارق نسبي بينها.

من خلال قوة مايا أو الوهم الكوني، جعل الخالق مظاهر المادة تبدو متميزة ومحددة بحيث تظهر للعقل البشري غير مرتبطة بأي شكل من الأشكال بالروح الإلهي.

الفكر أكثر الاهتزازات شفافية

داخل الاهتزاز الكثيف للجسد يوجد اهتزاز التيار الكوني اللطيف وطاقة الحياة، ويتخلل كلاً من الجسد وطاقة الحياة اهتزازُ الوعي الذي هو أكثر الاهتزازات دقة وشفافية.

اهتزازات الوعي هي في منتهى الدقة بحيث لا يمكن اكتشافها بواسطة أي أداة مادية. الوعي وحده يمكنه إدراك الوعي. البشر على دراية باهتزازات الوعي التي لا تعد ولا تحصى الصادرة عن البشر الآخرين والتي يتم التعبير عنها بالكلمة، والفعل، والنظرة، والإيماءة، والصمت، والموقف، وما إلى ذلك.

لكل إنسان سمة اهتزازية خاصة بحالة وعيه الذاتي، وينبثق منه تأثير محدد على الأشخاص والأشياء. على

سبيل المثال، الغرفة التي يعيش فيها الشخص تتخللها اهتزازات تفكيره وقد يشعر بها الأشخاص الآخرون بوضوح إذا كانوا يمتلكون درجة كافية من الحساسية.

ذات الإنسان (إحساسه بالأنا التي هي انعكاس زائل ومشوّه للنفس الخالدة) تدرك الوعي مباشرة وتدرك المادة (جسم الإنسان وجميع الأشياء الأخرى في الخليقة) بطريقة غير مباشرة، من خلال العمليات أو الوظائف العقلية ومن خلال الإدراك الحسي. بما معناه أن الأنا تدرك دائماً امتلاكها للوعي، لكن الأنا لا تدرك المادة ولا حتى الجسد الذي تسكنه، ما لم تفكر فيهما. وهكذا فإن الإنسان الذي يركّز بعمق على أي موضوع يكون على دراية واعية بعقله، ولكن ليس بجسده.

اختبارات الإنسان
في الحلم

جميع تجارب الإنسان في حالة اليقظة يمكن تكرارها في حالة وعيه أثناء الحلم. ففي الحلم قد يجد الشخص نفسه يتمشى بسرور في حديقة جميلة ثم يرى جثة أحد أصدقائه فيحزن ويذرف الدموع ويعاني من آلام في الرأس ويشعر بخفقان مؤلم في قلبه. وقد تهبّ عاصفة ممطرة فجأة فيتبلل

ويشعر بالبرد. ثم يستيقظ ويضحك على تجارب أحلامه الوهمية.

ما هو الفرق بين تجارب الإنسان الذي يحلم (تجارب المادة كما بدت في جسده وجسد صديقه والحديقة وما إلى ذلك، وتجارب الوعي كما ظهرت في مشاعر السرور والحزن) وبين تجارب نفس الشخص في حالة اليقظة؟ الدراية بالمادة والوعي موجودة في كلتا الحالتين.

الإنسان قادر على خلق كل من المادة والوعي في عالم الأحلام الوهمي. لذلك لا ينبغي أن يكون من الصعب عليه أن يدرك أن الروح الإلهي، باستخدام قوة مايا أو الوهم الكوني، قد خلق للإنسان عالماً من «الحياة» أو الوجود الواعي هو في جوهره عالم أحلام غير حقيقي (لأنه سريع الزوال ودائم التغير) تماماً كتجارب الإنسان في الحلم.

مايا أو الوهم الكوني

العالم المظهري يعمل تحت تأثير مايا، أي قانون الثنائية أو الحالات المتضادة. إنه عالم غير حقيقي لأنه يحجب حقيقة الوحدة الإلهية وعدم التغيير. الإنسان في مظهره البشري يحلم بالثنائيات والتناقضات من حياة وموت، صحة ومرض، وسعادة وحزن. ولكنه عندما

يستيقظ في وعي الروح تختفي كل الثنائيات ويعرف بأنه روح أبدي مغبوط.

احتياجات البشرية الخاطئة

المساعدة الطبية والعقلية ضرورية للبشرية الخاطئة. لا يمكن إنكار تفوق العقل على وسائل المساعدة المادية، ولا يمكن الإنكار أيضاً بأن قوة الغذاء والأعشاب والعقاقير هي محدودة في تأثيرها ونفعها. عند استخدام الأساليب العقلية، لا حاجة للاستخفاف بجميع أنظمة العلاج المادية، لأنها في نهاية المطاف حصيلة البحث والتنقيب في قوانين الله المادية.

وما دام الوعي المادي موجوداً في الجسم فلا داعي للاستغناء التام عن العقاقير والأدوية. ولكن عندما يوسّع الإنسان دائرة فهمه ويصبح أكثر إدراكاً للمصدر الخالد للجسد، يتلاشى اعتقاده بقوة الأدوية العلاجية، لأنه سيرى أن بذور وجذور كل الأمراض موجودة أصلاً في العقل.

«الحكمة أعظم مُطهّر»

معلمي الجليل، سوامي سري يوكتسوارجي، لم يتحدث أبداً عن عدم جدوى الأدوية. ومع ذلك فقد درّب ووسّع

وعي العديد من طلابه لدرجة أنهم استخدموا القوة العقلية فقط لعلاج أنفسهم عند المرض. وكثيراً ما كان يقول: «الحكمة أعظم مُطهّر».

بعض الأشخاص، في كل من الشرق والغرب، ينكرون بتشدد وجود المادة مع أنهم لا يزالون منغمسين في الوعي الجسدي لدرجة أنهم يشعرون بجوع شديد إذا فاتهم تناول وجبة واحدة.

إن حالة الإدراك التي يبدو فيها كل من الجسد والعقل، والموت والحياة، والمرض والصحة، أوهاماً على حد سواء هي الحالة الوحيدة التي يمكننا فيها حقاً القول إننا لا نؤمن بوجود المادة.

الوعي البشري والوعي الإلهي

من خلال [حجاب] الوهم مايا وما يترتب عليه من جهل الإنسان لروحه، يتم عزل الوعي البشري عن الوعي الكوني. عقل الإنسان يخضع للتغيير والقيود، لكن الوعي الكوني متحرر من كل القيود ولا ينطوي أبداً على الاختبارات الثنائية (الموت والحياة، المرض والصحة، الحزن العابر والفرح العابر، وما إلى ذلك). في العقل الإلهي إحساس ثابت ودائم بالنشوة الروحية أو منتهى

السعادة.

تتمثل عملية تحرير الوعي البشري في تدريبه عن طريق الدراسة، والتوكيدات، والتركيز، والتأمل، من أجل تحويل انتباهه بعيداً عن الاهتزازات الكثيفة للجسد بما فيه من تقلبات مستمرة في الفكر والعاطفة حتى يتمكن من الشعور باهتزازات طاقة الحياة الأكثر شفافية وثباتاً واختبار الحالات العقلية الأسمى.

اعتمد على القوة الإلهية في داخلك

الأشخاص الذين وعيهم المادي قوي، أي أولئك الذين اعتادوا على التفكير بأن «الذات الصغيرة أو الأنا» هي الجسد المادي، يحتاجون إلى إرشادهم كي يبتعدوا تدريجياً عن الاعتماد على الأدوية ووسائل المساعدة الخارجية الأخرى، وإلى تلقينهم الاعتماد أكثر فأكثر على القوة الإلهية في داخلهم.

الجزء الثاني
طريقة الممارسة

٥

أسلوب التوكيد

قواعد أولية

١. اجلس في مواجهة الشمال أو الشرق. يفضل استخدام كرسي مستقيم بدون مسندين جانبيين وعليه بطانية من الصوف. يعمل القماش كعازل ضد التيارات الأرضية المغناطيسية التي تميل إلى ربط العقل بالإدراك الحسي المادي. (انظر الصفحتين ٥٠ و ٥١)

٢. أغمض عينيك وركّز على النخاع المستطيل (في مؤخرة العنق)، ما لم يُطلب منك بخلاف ذلك. احتفظ بالعمود الفقري منتصباً، والصدر مرتفعاً، والبطن نحو الداخل. خُذ نفساً عميقاً وازفره ثلاث مرات.

٣. أبقِ الجسد في وضع مريح وثابت. أفرغ العقل من كل الأفكار المُقلقة، واسحب انتباهه من الأحاسيس الجسدية، والحرارة، والبرودة، والأصوات، وما إلى ذلك.

٤. لا تفكر في نوع معين من العلاج الذي تحتاجه.

٥. تخلّص من مشاعر القلق، والارتياب، والهموم.

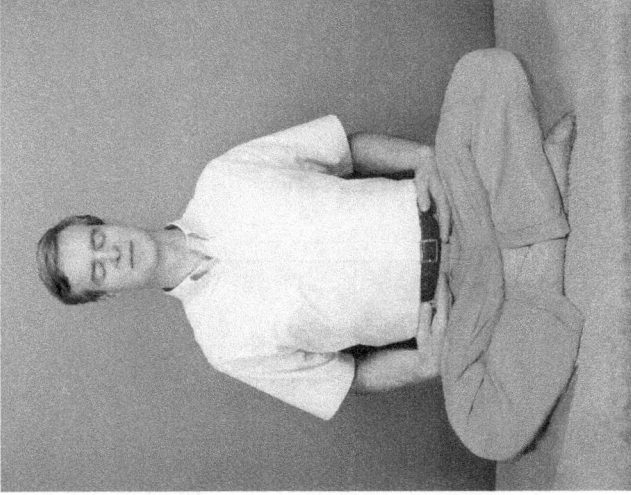

وضعيتان للتأمل: وضعية اللوتس (يسار) وجلسة التربع البسيطة (التربيعة)

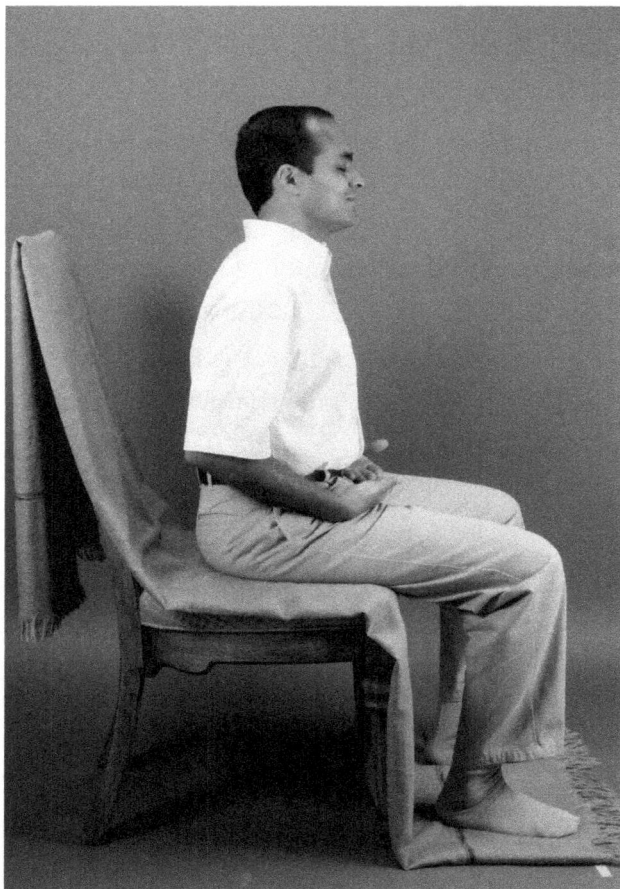

وضعية التأمل: الجلوس على كرسي

أدرِك بهدوء وثقة أن القانون الإلهي يعمل وأنه كلي القدرة. لا تسمح بدخول الشك وعدم الإيمان إلى نفسك. الإيمان والتركيز يسمحان للقانون بالعمل دون عائق. ضع في اعتبارك أن جميع الحالات الجسدية قابلة للتغيير وقابلة للشفاء وأن فكرة المرض المزمن هي وهْمٌ من الأوهام.

الوقت: يجب استخدام التوكيدات فور الاستيقاظ في الصباح أو أثناء فترة النعاس التي تسبق النوم ليلاً. ويمكن للمجموعات أن تجتمع في أي ساعة مناسبة.

المكان: بيئة هادئة قدر الإمكان. إذا كان الاجتماع سيعقد في مكان صاخب، فتجاهل الأصوات وقم بالممارسة بتفانٍ وإخلاص.

الطريقة: قبل البدء في التوكيد، حرر العقل دوماً من الهموم والقلق. اختر التوكيد الذي تريده وكرره كله، أولاً بصوت عالٍ، ثم بهدوء وببطء أكثر، حتى يصبح صوتك همساً. ثم كرر التوكيد تدريجياً في نفسك فقط، دون تحريك اللسان أو الشفتين، حتى تشعر أنك وصلت إلى حالة من التركيز العميق والثابت ـــ هذه الحالة ليست فقداناً للوعي، بل استمرارية في منتهى العمق لتفكيرٍ غير منقطع.

إن تابعت توكيدك الفكري وازددت تعمقاً فستشعر بإحساس من السلام والفرح المتزايدين. وسيندمج توكيدك مع التيار الباطني ليعود مشحوناً بالقوة لإحداث التأثير

المطلوب على عقلك الواعي طبقاً لقوانين العادة.

في الفترة التي تشعر فيها بسلام متزايد يتعمّق توكيدك حتى يبلغ الوعي السامي ليعود فيما بعد مشحوناً بقوة غير محدودة للتأثير على عقلك الواعي ولتحقيق أمنياتك. لا تَشُكّ وستلمس بنفسك المعجزات التي يحققها هذا الإيمان العلمي.

خلال التوكيدات الجماعية لشفاء المرض الجسدي والعقلي، يجب أن تحرص المجموعة على ترديد التوكيد بنغمة موحَّدة، وقوة عقلية موحَّدة، وتركيز موحَّد، وإحساس موحَّد من الإيمان والسلام.

العقول الضعيفة تقلل من فعالية القوة الموحَّدة الناجمة عن التوكيدات، وقد تقوم أيضاً بتبديد تيار القوة وإبعاده عن غايته السامية. لذلك، ينبغي ألا يأتي الشخص بحركات جسدية أو يُبدي تململاً أو قلقاً ذهنياً [أثناء ممارسة التوكيدات]. التركيز الذهني لكل أعضاء المجموعة ضروري كي تكون النتائج موفقة.

في التوكيدات الجماعية يجب على قائد المجموعة أن يقرأ التوكيدات بنغمة إيقاعية، ومن ثم يكرر المجتمعون نفس الكلمات بنفس الإيقاع والنغم.

هذه التوكيدات هي من إلهامٍ روحيّ

إن بذور التوكيدات في هذا الكتاب هي مشبعة بإلهامٍ روحيّ، ويجب غرسها في تربة السلام: سلام الوعي السامي وسَقْيها بالإيمان والتركيز كي تخلق اهتزازات داخلية فاعلة تساعد البذور على التفريخ والنمو.

هناك عدة عمليات يتعيّن القيام بها في الفترة ما بين غرس بذور التوكيدات وإثمارها. إذ يجب تهيئة جميع الظروف الملائمة للحصول على النتيجة المرجوة. بذرة التوكيد يجب أن تكون بذرة حية وخالية من آفات الشك، والقلق، أو شرود الذهن. ويجب غرسها في العقل والقلب بتركيز وإخلاص وسلام نفسي، وسَقْيها بمياه التكرار العميق المتواصل والإيمان الراسخ والمطلق.

تحاشَ دوماً التكرار الآلي للتوكيدات، بحسب المعنى الوارد في الكتاب المقدس: «لا تنطق باسم الرب إلهك باطلاً.»* كرر التوكيدات بحزم وانتباهٍ شديد وبإخلاص تام إلى أن تمتلك قوة تكفي، بمجرد إصدار أمرٍ واحد مدعوم بتحفيز داخلي قوي، لتغيير خلايا جسمك وحث نفسك لصنع العجائب.

* خروج ٢٠:٧

مراحل الإنشاد التدريجي

تذكّر ثانية أن التوكيدات يجب نطقها نطقاً سليماً، أولاً بصوت عالٍ ثم منخفض تدريجياً إلى أن يصبح همساً، وعلاوة على كل شيء بانتباهٍ وإخلاص. وهكذا، من خلال القناعة الذاتية بفاعلية التوكيدات وبالحقيقة الكامنة فيها يتم توجيه الأفكار من حاسة السمع إلى العقل الواعي ثم العقل الباطن اللاواعي أو الآلي، وأخيراً إلى العقل السامي. الأشخاص المؤمنون سيحصلون على الشفاء بواسطة هذه التوكيدات.

مراحل الإنشاد الخمس هي: الإنشاد الواعي المسموع، الإنشاد الهامس، الإنشاد العقلي، الإنشاد الباطني، والإنشاد السامي.

أوم أو آمين، الصوت الكوني

الإنشاد الباطني يصبح متواصلاً وتلقائياً. الإنشاد السامي يتم عندما تتحول اهتزازات الإنشاد الداخلية العميقة إلى معرفة وتترسخ في كل من العقل الواعي والباطن والسامي. الإنشاد السامي يتم بإبقاء الانتباه مركّزاً على الاهتزاز الكوني (أوم أو آمين) وليس على صوتٍ وهميّ.

عندما تنتقل من مرحلة إنشاد إلى أخرى يجب أن تتغير

حالة العقل وتصبح أكثر عمقاً وتركيزاً. الهدف هو توحيد المُنشد والنشيد وعملية الإنشاد في وحدة واحدة. يجب أن يدخل العقل أعمق حالات الوعي، ليس حالة اللاشعور أو شرود الذهن أو النوم، بل حالة من التركيز التام بحيث تستغرق كل الأفكار وتندمج في فكرة مركزية واحدة، تماماً مثلما تنجذب برادة الحديد إلى مغناطيس لا يُقاوم.

ثلاثة مراكز فسيولوجية

أثناء التوكيدات الإرادية، يجب أن يكون انتباهك أثناء التوكيدات العقلية ففي النخاع المستطيل*. وأثناء التوكيدات الوجدانية فعلى القلب. في أوقات معيّنة يركّز الشخص عقله بصورة عفوية على أحد هذه المناطق الفسيولوجية. مثال على ذلك، في الحالات العاطفية يشعر بمركز القلب باستثناء كل أعضاء الجسم الأخرى. بتطبيق التوكيدات

* النخاع المستطيل والنقطة التي بين الحاجبين هما في الواقع القطبان الموجب والسالب، على التوالي، لمركز واحد من قوة الحياة الذكية. في بعض الأحيان كان برمهنساجي يطلب من المريدين التركيز على النقطة ما بين الحاجبين، وأحياناً على النخاع المستطيل، لكن الاثنين هما واحد بالاستقطاب. عندما تكون نظرة العين مركزية ويتم تركيزها بهدوء على النقطة بين الحاجبين، ينتقل التيار من العينين أولاً إلى تلك النقطة في الجبهة، ومن ثم إلى النخاع فتظهر العين الكوكبية الوحيدة: عين النور في الجبهة، معكوسة هناك من النخاع.

يتمكن الإنسان من توجيه انتباهه بصورة واعية إلى المراكز الحيوية للإرادة والفكر والشعور.

الإيمان الراسخ والمطلق بالله هو أعظم طريقة للشفاء الفوري، والمجهود المتواصل لإيقاظ ذلك الإيمان هو أسمى واجبات الإنسان وأعظمها ثواباً.

٦

توكيدات شفاء علمية

في استخدام التوكيدات الموجودة في هذا الكتاب، بإمكان المريد الواحد أو قائد المجموعة قراءة التوكيد كاملاً دون توقف، أو التوقّف وإعادة الأسطر التي يرغب في تكرارها.

توكيدات للشفاء العام

على مذبح كلِ شعور،
كلِ فكرٍ وإرادة،
يا ربُ أنتَ تجلسُ،
يا رب أنتَ تجلسُ
أنت الفكرُ والإرادة والشعورْ
أنتَ ترشدْها جميعاً
دعها تتبع
دعها تتبع هديَكَ
وتصبحُ مثالكَ.

في معبد الوعي كانَ

النورُ نوركَ يا رب
ما رأته عيني قبلاً، إنما الآنَ أراهُ
المعبدُ الآنَ مُضاءٌ، وسليمٌ وصحيح.
قد غفوتُ وحلمتُ أن المعبدَ تهدّمْ
بالمخاوف، والهموم، والجهالة؟
قد غفوتُ وحلمتُ أن المعبدَ تهدّمْ
بالمخاوف، والهموم، والجهالة؟
لكنكَ أيقظتني
من غفوتي أيقظتني
كيما أجد معبدُكَ
سليماً من كل أذىً.

أريدُ أن أعبُدُكَ
أريدُ أن أعبُدُكَ
في قلبيَ وفي النجومْ
أحبكَ في الجسمِ.. في الخليةِ
وأبتهجْ برقصةِ الكُهيربِ
أُريدُ أن أعبُدُكَ
في الجسمِ كما في النجوم
وفي الغبار النجمي، أيضاً في السديم
أنتَ كليٌّ الوجود
أنتَ في كل مكان
وحيثما تكونُ أنا أعبدكْ.

توكيدات شفاء علمية

إرادتُكَ السماوية
من خلال إرادتي البشرية
مشرقةٌ في داخلي
وفي كياني تسطعُ.
سوف أنوي وأريدْ
سوف أعمل وأشيدْ
لا تسيّرني الأنا
بل أنتَ من يوجّهُ
وأنتَ من أسمع لهُ.
سأفعّلُ العزيمة
سأستخدمُ الإرادة
فاشحن عزمي والإرادة
بإرادتك إلهي.

أبتاهُ دعنا نصبحْ
مثلَ أطفالٍ صغار
كالذين في ملكوت السماءْ
حبُكَ فينا كمالٌ
ولأنكَ الكمال
فالكمالُ فينا أيضاً.
أجسامُنا صحيحةٌ
عقولُنا سليمةٌ
ونحنُ بكَ نقتدي

أنتَ الكمالُ والمثال
ونحنُ أبناءٌ لكَ.

أنت كليُّ الحضور
والكمالُ في حضوركْ
أنتَ في كل خليّة
أنتَ في خلايا جسمي كلِّها
فهي سليمةٌ وخالية من العيوب.
فهي سليمةٌ وخالية من العيوب.

دعني أشعر أنكَ تكمُن بها
تكمُن بها.. جميعها
دعني أشعر أنكَ تكمُن بها
في الواحدة وفي الجميع
في الواحدة وفي الجميع.

يا حياةً لحياتي
أنت جوهرُ الكمال
أنتَ في كلِ مكان.
أنتَ في قلبي وأنتَ في دماغي
وبعينيَّ ووجهي
وبأطرافي وفي كل الجوارح.

أنتَ من يُحرّكُ قدميَّ

فهما سليمتان
فهما سليمتان.
كذلكَ البطتان والفخذان.
فإنها سليمةٌ، فإنها سليمةٌ
بفضلِ وجودك بها.
ساقاي تسنُدهما قوّتُكَ
كي لا أقع، كي لا أقع.

أنتَ في حنجرتي
في بطني وأغشيتي
ووهجُكَ يسطع بها.
وإنها سليمةٌ لأنكَ توجد بها.
أنتَ تومض في عمودي الفقري
فهو في أحسن حال
فهو في أحسن حال.

أنتَ في أعصابي تسري
فهي سليمةٌ
وسالمة من الأذى.
في شرايينيَ تجري
في عروقي أنتَ تسري
فعروقي وشراييني بخير.
وَقودُكَ في معدتي

وأيضاَ في أمعائيَ
فهما في أحسن حال
وهما كما يرام.

مثلما أنتَ حبيبي، هكذا أنا حبيبُك
أنتَ قد أصبحتَ ذاتي
وأحسُ بوجودِك
في دماغي
فهو ينبضْ بتيار الحياة.

مثلما أنتَ ليَ
فأنا أيضاً لكَ.
يا ربي انت الكمال
يا ربي أنتَ أنا، يا ربي أنتَ أنا.
يا ربي أنتَ دماغي
فهو نيِّر ومشرق
هو سليمٌ معافى، هو سليمٌ معافى
هو سليمٌ معافى، هو سليمٌ معافى.

فلينطلِق خياليَ دونَ قيود
فلينطلِق خياليَ دونَ قيود.
أمرضُ إن أنا فكرتُ بأني مريض
وإذا فكرتُ أنني مُعافى أتعافى.

كُل ساعة، كُل يوم

توكيدات شفاء علمية

جسمي وعقلي بخير
من كل ناحية بخير
ولذا أنا معافى وبخير
ولذا أنا معافى وبخير.

قد حَلمتُ أنني كنتُ مريضا
فصحوتُ وضحكتُ إذ وجدتُ
أن دمعي يترقرق في الجفون
إنما دمعُ السرور لا الحزن
لأنني معافى، لأنني بخير.

يا رباه دعني أشعر
بخفقةِ محبتِك
بخفقةِ محبتِك.
أنتَ أبي، أنا ابنُكَ
حتى إن كنتُ عنيداً أو مطيعا
أبقى ابنُكَ.
دعني أشعر بنشوةِ عافيتك
دعني أشعر بمشيئتكَ الحكيمة.
دعني أشعر بمشيئتكَ الحكيمة.

توكيدات وجيزة

يا أبتاه يا ذا الكمال، إن نورك يشعُّ من السيد المسيح وقديسي كل الأديان، ومن خلال معلمي الهند ومن خلالي. هذا النور المقدّس موجود في كل أعضاء جسدي، فأنا بخير.

أيها النشاط الكوني الواعي، إن حياتك هي حياتي. الأطعمة الصلبة والسائلة والغازية تتروحَن وتتحول إلى طاقة بواسطتك لتعيل جسدي.

إن طاقتك التي تمنح الحياة تمدني بالقوة وتجعلني أشعر بالتجدّد.

إن قوة الشفاء التي مصدرها الروح تتدفق عبر جميع خلايا جسدي. أنا مخلوقٌ من جوهر الله الكوني الواحد.

أيها الآب، انتَ موجودٌ في داخلي، فأنا بخير.

قوّتُكَ تنسابُ من خلالي. معدتي بخير، لأن نورك الشافي موجودٌ بها.

أدركُ أن مرضي ناجمٌ عن عدم مراعاة قوانين الصحة. سوف أتخلص من شر الأمراض بالتغذية الصحية والتمارين الرياضية والتفكير الصحيح.

أيها الآب السماوي، أنتَ حاضرٌ في كلِ ذرة، كلِ خلية، كلِ جسيم، كلِ جزء من الأعصاب والدماغ والأنسجة. أنا

بخير لأنكَ موجودٌ في كل أجزاء جسمي.

إن الصحة المقدسة الكاملة تتخلل الزوايا المظلمة لمرضي الجسدي. نور الله الشافي يشعُّ في كل خلاياي، فهي سليمة تماماً، لأن كمال الله فيها.

التوكيد باستخدام قوة الفكر

احصر فكرك في الجبهة وكرّر الآتي:
أفكّرُ وأعلمُ أن حياتي تنطلق
من الدماغ ِتنطلق إلى كل الجسد.
أشعة النورِ تندفعُ
من جذور أنسجتي
وفيضُ الحياة يتدفق
عبر فقرات العمود الفقري
بسيلٍ حيوي منعش.
كُل الخلايا الصغيرة تشربُ وترتوي
فتشرقُ أفواهُها الدقيقة كلها وتلتمع.
كُل الخلايا الصغيرة تشربُ وترتوي
فتشرقُ أفواهها الدقيقة كلها وتلتمع.

توكيدات وجيزة

أبي السماوي، أنت لي للأبد، وفي كل شيء حسن وخيِّر أخشع لحضورك. ومن خلال كل الأفكار النقيّة أبصر طيبتك.

يا أبتاه، إن قوّتك غير المحدودة وكلية الشفاء موجودة في داخلي. فليسطع نورك من خلال ظلمة جهلي. حيثما وُجد هذا النور الشافي فهناك يكون الكمال. لذلك، الكمال موجود بي.

يا أبي السماوي، أنت كل المشاعر والإرادة والأفكار [الخيّرة]. وجّه مشاعري وإرادتي وأفكاري، دعها تتبع هديكَ وتتمثل بك.

إن أحلامي بالكمال هي جسورٌ تنقلني إلى عالم الأفكار النقية.

كُل يوم سأطلب السعادة أكثر فأكثر داخل عقلي، وأقل فأقل من خلال المتع المادية.

الله هو راعي أفكاري المشوشة، وسيقودها إلى مقر سلامه.

سأطهّر عقلي بالتفكير بأن الله يوجّه كل نشاط من أنشطتي.

التوجيه العقلي السليم

المقترحات المُدرجة أدناه هي لتحفيز التفكير الصحيح والنشاط العقلي:

١. اقرأ الكتب الجيّدة واهضم مضمونها بانتباه وعناية.

٢. إذا قرأت لساعة واحدة، اكتب لساعتين، وفكّر لثلاث ساعات. هذه هي النسبة التقديرية التي ينبغي مراعاتها من أجل تنمية قوى العقل.

٣. احفظ العقل منهمكاً بالأفكار المُلهمة. لا تُضع الوقت في التفكير السلبي.

٤. انتقِ أفضل خطة لحياتك: خطة يمكنك أن تضعها بتمرين العقل.

٥. اعمل على تقوية قواك العقلية بدراسة قوانين العقل المشروحة في تعاليم Self-Realization Fellowship.

٦. استعمل التوكيدات في هذا الكتاب وانطقها بقوة روحية لتنمية قوى العقل. إن علماء النفس القدامى وكذلك المعاصرين أشاروا ويشيرون إلى أن الذكاء الفطري في الإنسان قادر على التوسّع اللانهائي.

٧. امتثل للقوانين الطبيعية والاجتماعية والخلقية. وإذ تدرك بأنها محكومة بقانون روحي أسمى سترتفع في

النهاية إلى ما فوق كل القوانين الصغيرة ويتم توجيهك بالقانون الروحي.

توكيدات بقوة الإرادة

ركّز إرادتك على النخاع المستطيل وعلى النقطة ما بين الحاجبين في آنٍ واحد، وكرّر التوكيدات التالية — أولاً بصوت مسموع، وبهدوء أكبر على نحو متدرّج، إلى أن يصبح صوتك همساً:

أريدُ من قوة الحياة أن تشحن —
بإرادة مقدسة أريدها أن تشحن —
من خلال أعصابي وعضلاتي كلها،
أن تشحن أنسجتي، أطرافي، وكل جوارحي،
بوهجٍ حيويٍ نابض،
وتبعثُ بقوةٍ دافئةٍ في نفسيَ الفرح.
منكِ أطلبُ يا قوة الحياة
بإرادة سامية أطلبُ منكِ كي تسري
في دمي وفي غُددي.
هيّا ابرقي وتوهجي،
هيّا ابرقي وتوهجي.

توكيدات للحكمة

ركِّز على المنطقة التي تحت قمة الجمجمة، واشعر بوجود الدماغ فيها.

إنكَ يا رب تتجول في أروقة الحكمة.
أنتَ الفِكرُ في عقلي.
حقاً أنك تتجول وتوقظ
كلَّ خلية صغيرة خاملة من خلايا الدماغ
كي تحصل على وتتقبل
الأمور الطيبة التي يمنحها العقل والحواس
والمعرفة التي تجودُ أنتَ بها.

سأفكِّر، سأتمعن؛
ولن أُتعبكَ بالتفكير؛
إنما وجّهني لمّا الفكرُ يُخطِئ،
واهدِهِ وارشِدهُ إلى الهدفِ.

أيا أبي السماوي، ويا أمي الكونية،
أيا سيّدي، ويا صديقي الإلهي،
لقد أتيتُ لوحدي، وسأغادر لوحدي؛
مَعَكَ لوحدي، مَعَكَ لوحدي.
مَعَكَ لوحدي، مَعَكَ لوحدي.

لقد بنيتَ لي بيتاً

من خلايا حيّة بنيته لي.
بيتي هذا هو بيتُك.
حياتك بَنَت هذا البيت.
قوّتك بَنَت هذا البيت.
بيتُكَ سليمٌ ومُكتمِل، بيتكَ سليمٌ ومُكتمِل.

أنا ابنكَ وأنت أبي؛
وكلانا يسكنُ، وكلانا يسكنُ
في نفس الهيكل،
في هذا الهيكل المصنوع من الخلايا،
أجَل، في هذا الهيكل المصنوع من الخلايا.
إنكَ دوماً هنا،
أجَل، هنا على مذبح قلبيَ النابض
أحسُّ بقربك مني.

لقد ذهبتُ بعيداً، ذهبتُ بعيداً؛
لأمرح مع الظلام، لألعب مع الأخطاء؛
ذهبتُ بعيداً كطفلٍ هاربٍ من بيته.

ثم عدتُ للبيتِ بينَ الظلال المظلمة،
عدتُ للبيت وعليَّ آثارٌ من أوحال المادة.
إنكَ قريبٌ، لكنني لا أراك.
بيتُكَ مكتمِلٌ، لكنني لا أراه.
نورُكَ موجودٌ وأنا مكفوفٌ.

والعيبُ عيبي إذ لا أراه.
أجل، العيبُ عيبي إذ لا أراه.
هناك تحتَ خط الظلام
نورُك الرباني يسطع.
نورُك الرباني يسطع.

النور مع الظلام
سويةً لا يوجدان، سويةً لا يوجدان.
والحكمةُ مع الجهل
سويةً لا يوجدان، سويةً لا يوجدان.

أبعِد الظلمةَ عني، أطرد الظلمةَ مني،
تبددي يا ظلمتي، واذهبي عني بعيداً.

خلايا جسمي من النورِ مُصاغة،
خلايا جسمي جوهرها من جوهرك.

وإنها مكتمِلة، لأنكَ أنتَ الكمال.
وإنها بعافية، كونكَ أنتَ العافية.
هي في الجوهر روحٌ، لأنك روح الوجود.
وإنها خالدةٌ، لأنك أنتَ الحياة.

توكيدات وجيزة

أبي السماوي، حياتك الكونية وأنا واحدٌ. أنتَ المحيط، وأنا الموجة، إننا واحدٌ.

أطلبُ حقي الطبيعي المقدس، مدركاً أن كل الحكمة وكل القوة موجودة في نفسي.

اليوم وفي كل يوم، الله موجودٌ تماماً خلف عقلي، وهو يهديني لفعل الصواب كل حين.

الله هو جوهر ذات الإنسان وهو الحياة الإلهية الوحيدة للكون بأسره.

النور الأبدي يغمرني ويتخلل كل ذرة من كياني. إنني أحيا في ذلك النور. الروح الإلهي يملأ داخلي ويشع من حولي.

الله في داخلي ومن حولي، يحرسني ويرعاني، ولذلك سأطرد الخوف الذي يحجب عني نوره الهادي.

اليوم، إذ أركّز كل قوتي ومقدرتي على إظهار الإرادة الإلهية، أحسُّ بالسلام والاتزان التامين في داخلي.

القانون الباطني، والقانون الواعي، والقانون السامي لتحقيق النجاح المادي

النجاح أو التوفيق يأتي بالامتثال للقوانين الإلهية والمادية. النجاح المادي والنجاح الروحي ينبغي إحراز كليهما. النجاح المادي يتمثل في امتلاك ضرورات العيش.

الرغبة في تحصيل المال ينبغي أن تشمل الرغبة في مساعدة الآخرين. اعمل على تحصيل كل المال الذي تقدر أن تكسبه من خلال تحسين مجتمعك أو العالم، ولكن حذارِ أن تطلب المكاسب المالية بالعمل ضد مصالح الآخرين.

هناك قانون باطني، وقانون واعٍ، وقانون سامٍ من أجل تحقيق النجاح المادي ومن أجل التخلص من أفكار الإحباط والفشل.

قانون النجاح الباطني أو اللاشعوري يعمل بتكرار التوكيدات بتركيز قوي وانتباه عميق، مباشرة قبل وبعد النوم. لا تشكْ أبداً. عندما ترغب في تحقيق أي هدف نبيل، اطرد فكرة الفشل. وكونكَ ابن الله، ثق بأن لديك القدرة على الوصول إلى كل ما هو له.

الجهل والشك بهذا القانون قد حرما الإنسان من ميراثه

الخالد. ولكي تستفيد من موارد المخزون الإلهي، يجب أن تتلف البذور الباطنية للأفكار الخاطئة بالتكرار الدائم للتوكيدات، وبالتشبع بالإيمان التام والثقة المطلقة.

قانون النجاح الواعي يعمل من خلال التخطيط السليم والعمل بحذق وذكاء، مع الشعور الدائم بأن الله يساعدك في تخطيطك وعملك الجاد والمتواصل.

قانون النجاح السامي يمكن أن يفعّله الشخص بالصلاة وبفهمه لقوة الله الكلية. لا تتوقف عن بذل جهودك الواعية ولا تعتمد اعتماداً تاماً على قدراتك الطبيعية الخاصة. بل التمس العون الإلهي في كل ما تفعله.

عندما يتم دمج هذه الأساليب الباطنية والواعية والسامية معاً يصبح النجاح مضموناً. حاول مرة أخرى بغض النظر عن عدد المرات التي فشلت فيها.

توكيد من أجل النجاح المادي

أنتَ أبي:
أنتَ النجاحُ والفرح.
أنا ابنكَ:
أنا النجاحُ والفرح.

كلُ ثراء هذي الأرض

توكيدات شفاء علمية

هو لكَ، هو لكَ
وكلُ ثروات الكون
هي لكَ، هي لكَ.
أنا ابنكَ،
وثراء الأرضِ والكونِ
هو ليَ، هو ليَ
أجل، هو ليَ، هو ليَ.

بفكرةِ الفقرِ عشتُ وظننتُ بالخطأ
أنني كنتُ فقيراً، ولذا كنتُ فقيرا.
لكنني الآنَ ببيتي.
ووعيُكَ الإلهي قد جعلني غنيّا
قد جعلني غنيّا.
أنتَ كنزي وثرائي
فأنا حقاً غنيٌّ، فأنا حقاً غنيٌّ.

أنتَ حقاً كلُ شيء، كلُ شيء.
أنتَ لي وأنا عندي كلُ شيء.
وأنا عندي كلُ شيء.

أنا غنيٌّ موسرُ، أنا غنيٌّ موسرُ.
أنا عندي كلُ شيء، أنا عندي كلُ شيء
وأملكُ كلَ شيء،
مثلما تملكُ أنتَ، مثلما تملكُ أنتَ.

أنتَ كنزيَ الأعظم،
فأنا أملكُ كلَ شيء.

توكيدات وجيزة

إنني أدركُ بأن قوة الله غير محدودة، وبأنني مخلوق على صورته. ولذلك، أنا أيضاً لديَّ القوة للتغلب على كل المصاعب والعراقيل.

إنني أمتلك قوة الروح الكوني الخلاّقة. العقل اللانهائي سيرشدني ويحلُّ كل مشكلة تواجهني.

الله هو بنكي الإلهي الذي لا تنفد أصوله، وإنني غنيٌّ دوماً لأن لي القدرة على الوصول إلى المخزون الكوني.

سأنطلقُ بإيمانٍ تام بقوة الخير الكليّ الوجود للحصول على ما أحتاجه عندما أحتاجه.

للتو بزغ شعاع شمس الوفرة المقدسة في سماء محدودياتي المظلمة. أنا ابن الله، وما لديهِ لديَّ.

التخلُّص من الجهل الروحي

النجاح الروحي يكمن في التناغم الواعي مع العقل الكوني، وفي الحفاظ على سلامك واتزانك بغض النظر

عن الأحداث غير القابلة للعلاج في حياتك، مثل موت الأقارب أو خسائر أخرى. عندما يفرّق قانون الطبيعة بينك وبين أحد أعزائك، لا تحزن. وبدلاً من ذلك، اشكر الله بتواضع لأنه منحك امتياز رعاية ومصادقة أحد أبنائه لفترة من الوقت.

يأتي النجاح الروحي بفهم سر الحياة والنظر إلى كل الأشياء بمرح وشجاعة، مع الإدراك بأن الأحداث تسير وفقاً لخطة إلهية جميلة.

والعلاج الوحيد لمرض الجهل هو المعرفة.

توكيدات للنجاح الروحي

أنتَ الحكمة وأنتَ تعرف
سبب وجود ونهاية كل الأشياء.
أنا ابنكَ وأريد أن أعرف
سر الحياة الحقيقي
وواجب الحياة الحقيقي السعيد.

حِكمَتكَ في داخلي ستكشفُ
كُلَّ ما تعرفهُ
كُلَّ ما تعرفهُ.

توكيدات وجيزة

أيها الآب السماوي، لقد خُلق صوتي كي يرنّم بمجدك. وخُلق قلبي ليستجيب لندائكَ وحدك. وخُلقتْ روحي كي تكون قناة علَّ حبك ينساب من خلالها دون انقطاع إلى كل الأرواح العطشى.

إن قوة محبتك تصلب أفكار الشك التي تراودني والمخاوف التي تعتريني، كي أقوم منتصراً على الموت وأرتفع على أجنحة من النور إليك.

إنني أسترخي وأزيحُ عن كاهلي كل الأعباء الفكرية، متيحاً المجال لله كي يُعرب من خلالي عن حبه النقي، وسلامه، وحكمته.

أبي السماوي هو محبة وأنا مخلوقٌ على صورته. أنا فضاء المحبة الذي فيه تومض وتتلألأ كل الكواكب، وكل النجوم، وكل الكائنات، وكل الخليقة. أنا الحب الذي يتخلل الكون بأسره.

عندما أبعث بإشعاعات المحبة ونوايا الخير إلى الآخرين، سأفتح القناة التي منها تنساب إليَّ محبة الله. الحب الإلهي هو المغناطيس الذي يجذب لي كل الخير.

يمكنني أداء جميع الواجبات فقط عندما أقترض قوى العمل من الله، لذا فإن رغبتي الأولى هي إرضاؤه. الحب

الأول في قلبي، والطموح الأول لروحي، والهدف الأول لإرادتي وعقلي هو الله وحده.

توكيدات للنجاح النفسي

أنا شجاعٌ، أنا قويٌّ.
وعِطر أفكار النجاح
في داخلي يتضوع
في داخلي يتضوع.
أنا هادئٌ أنا مُطمَئن،
أنا لطيفٌ، أنا أريحيّ،
أنا محبةٌ، أنا تعاطف،
أنا ظريفٌ، أنا جذّاب،
أنا مرتاحٌ مع الجميع.
أكفكفُ الدموعَ وأُبْعِدُ المخاوف.
ليس لي أعداء.
أنا صديق الجميع.

ليسَ لي عادات،
ففي الأكلِ، وفي الشربِ وفي السلوك،
أنا حُرٌ بلا قيود، أنا حُرٌ بلا قيود.

أطلبُ منكَ يا انتباه،
كي تأتي وتمارس التركيز

على الأشياء التي أفعلها،
على الأعمال التي أنجزها.
يمكنني عمل كلَ شيء
عندما أنوي بذلك، عندما أنوي بذلك.

في الكنيسةِ والمعبد، وأنا في جو الصلاة،
تألبّت عليَّ أفكاري الشاردة،
وأعاقت عقلي من الوصول إليك،
وأعاقت عقلي من الوصول إليك.
علمني كيف أمتلك، أجل، كيف أمتلك
عقلي ودماغي المرتهنين للمادة
علّني أقدمهما لكَ
في الصلاة ونشوة الروح،
وفي التأمل وأحلام اليقظة.

رباهُ سوف أعبدكَ
في التأمل والخلوات.
وسأشعر بطاقتكَ
تنساب من خلال يديَّ في النشاط.
وكي لا أفقدكَ في التراخي والخمول،
سأعثر عليك في الحيويةِ والعمل.

مزيج من الأساليب

في حين لا يمكن إنكار تفوّق طرق العلاج العقلية، وليس المادية، فقد تم تضمين بعض التمارين البدنية في هذا الكتاب لأولئك الذين يرغبون في الجمع بين كلتا الطريقتين.

تحسين البصر

ركّز بعينين مغمضتين على النخاع المستطيل، ثم اشعر بقوة الرؤية في العينين متدفقة عبر العصب البصري إلى شبكية العين. بعد التركيز لمدة دقيقة على شبكية العين، افتح عينيك واغمضهما عدة مرات. حرّك مقلتيّ العينين إلى أعلى ثم إلى أسفل؛ ثم إلى اليسار ثم إلى اليمين. ثم حرّكهما من اليسار إلى اليمين ومن اليمين إلى اليسار. ثبّت نظرتك على النقطة التي بين الحاجبين، متخيّلاً أن طاقة الحياة تتدفق من النخاع المستطيل إلى العينين وتحوّلهما إلى مصباحين كشّافين. هذا التمرين مفيد جسدياً وعقلياً.

توكيد للعينين

منكما أطلبُ
يا شعاعيَّ السماء
كي تنسابا عبر أعصابي البصرية

وتُظهرا ليَ حقاً
وتُظهرا ليَ حقاً
أن نورهُ موجود،
أن نورهُ موجود.
فهو من عيوني ينظرُ،
من عيوني ينظرُ.
إن عيوني سليمة، وهي في أحسن حال.
عينٌ واحدة* في الأعلى واثنتان تحتها.
هي عيونٌ ثلاث، هي عيونٌ ثلاث.
أيٌّ نورٍ رائعٍ ينسابُ منكِ يا عيني الخفية،
أيٌّ نورٍ رائعٍ ينسابُ منكِ يا عيني الخفية!
يا عيونَ اللوتسِ كفكفي الدمعَ وكُفّي عن بُكاء
فالعواصف لن تسبب لأوراقكِ الأذى.
هيا تعالي سريعاً
وانزلقي مثل الإوزِ والبجع
في مياه الغبطةِ والمسرات.
في بحيرةِ السلام الهادئة،
ساعةَ انبلاجِ فجر الحكمةِ.
هذا النورُ نورُك يا ربُ يسطع من خلالي،
سطَعَ في الماضي، وفي الحاضرِ يسطعْ

* العين «الوحيدة» أو العين الروحية في الجبهة بين الحاجبين. انظر الحاشية في الصفحة ٥٦

ولسوفَ يسطعُ في الآتيَ أيضاً.

منكما أطلبُ
يا عينيَّ الاثنتين:
توحّدا وكونا عيناً واحدة،
توحّدا وكونا عيناً واحدة.
كي تبصرانِ كلَ شيء، وتعرفانِ كل شيء،
وتجعلانِ جسميَ متألقا
وعقليَ متألقاَ
ونفسيَ مشرقةٌ متألقة.

تمرين للمعدة

قف أمام كرسي، انحنِ للأمام وامسك مقعد الكرسي لحفظ التوازن. ازفر واطرد النـَفَسَ كلياً، وأثناء وجود النـَفَس خارجاً، قلّص البطن واجذبه نحو العمود الفقري قدر الإمكان. ثم استنشق بينما تدفع البطن نحو الخارج إلى أقصى حد ممكن. كرّر اثنتي عشرة مرّة. يقول اليوغيون إن هذا التمرين يحسّن عمل الجهاز الهضمي (العمل التمعجي للأمعاء وإفرازات الغدد الهضمية) وبالتالي يساعد على التخلص من أمراض المعدة.

تمرين للأسنان

بعينين مغمضتين، أطبِق بإحكام أسنان الفك الأيسر العلوية والسفلية على الجانب الأيسر. استرح. بعد ذلك أطبِق الأسنان على الجانب الأيمن. استرح. بعد ذلك أطبِق الأسنان الأمامية. أخيراً، أطبِق جميع أسنان الفكين العلوي والسفلي معاً.

احتفظ بكل وضع لدقيقة أو دقيقتين، مع التركيز على الشعور الناجم عن «إطباق الأسنان بإحكام» والتصوُّر بأن طاقة الحياة تقوم بتنشيط جذور الأسنان والتخلص من كل الحالات غير السليمة.

جنّة عدن الباطنية

الجسد هو عبارة عن بستان يحتوي على أشجار الحواس الساحرة — من بصر وسمع وذوق وشم ولمس. الله أو الوعي الإلهي في الإنسان يحذّره من الإفراط في استخدام أيٍ من ثمار الحس، وبصورةٍ خاصة ضد الاستعمال الخاطئ لتفاحة القوة الجنسية الموجودة في وسط بستان الجسد.

إن حية الفضولية الشريرة، وحواء الطبيعة الأنثوية العاطفية الموجودة في كل البشر تغريانهم بعصيان أمر

الله. وهكذا يفقدون سعادة ضبط النفس ويُطرَدون من جنة الطهارة والنعيم الإلهي. التجربة الجنسية تجعل الإنسان على دراية بالخطيئة أو الشعور بالذنب أو «ورقة التين».

يجب على المتزوجين الذين يرغبون في إنجاب الأطفال أن يحصروا انتباههم أثناء عملية الجماع في الهدف الخلاّق لتلك العملية. ولتجنب الكثير من الآلام، يجب ألا يرغب الناس بالاتصال الجنسي طلباً للمتعة.

أساليب للتحكم بالشهوة الجنسية

قبل النوم ليلاً، امسح بمنشفة باردة ومبللة جميع فتحات الجسم، وكذلك اليدين والقدمين والإبطين، والسرّة والجزء الخلفي من الرقبة فوق النخاع المستطيل. افعل هذا بانتظام.

خلال أوقات الإثارة الجسدية، تنفس بعمق شهيقاً وزفيراً من ست إلى خمس عشرة مرة، ثم التمس على الفور صحبة ذوي ضبط النفس ممن تحترمهم وتقدّرهم.

توكيدات للنقاء

من المِدّقةِ والسَّداة
تصنعُ الوردَ والزهور
طاهرةً ذاتَ نقاء

ومن أبويَّ النقيين
خلقتَ يا ربي جسمي.
أنتَ المبدعُ الخلاّق
لكلِ ما هو حسن
ونحنُ أيضاً كذلك.

علّمنا أن نبتكرَ
بقدسية ونقاء
أفكاراً نبيلةً سامية
أو ننجب أطفالاً نبلاء.
إنكَ عديمُ الجنسِ.
ونحن عديمو الجنسِ، ونحنُ عديمو الجنسِ.
خلقتنا بالنقاء
علّمنا أن نبتكرَ بقدسية ونقاء
أفكاراً نبيلةً سامية
أو ننجب أطفالاً نبلاء
على صورتكَ ومثالك.

للتغلب على الإغراءات سأطردُ الشرَّ من أفكاري. سأسحبُ فكري من المناطق الحسية على السطح الخارجي للجسم، والتي تثير الشهوات النفسية، وسأعملُ على تذوّق غبطة الحضور الإلهي المبارك.

علاج العادات السيئة

العادات الجيدة هي أفضل أعوانك. فحافظ على قواها بالأعمال الطيبة المتواصلة. أما العادات السيئة فهي ألدُّ أعدائك، لأنها ترغمك ضد إرادتك على التصرف بطريقة مسيئة تجلب لك الضرر. تلك العادات هي مؤذية لحياتك المادية والاجتماعية والخلقية والعقلية والروحية ويجب إماتتها جوعاً بعدم تقديم المزيد من غذاء الأفعال السيئة لها.

الحرية الحقيقية تكمن في إنجاز كل الأفعال وفقاً للحكم الصائب والاختيار الحر. على سبيل المثال، تناول من الأطعمة ما يناسبك، وليس بالضرورة ما تعودت على تناوله.

العادات الطيبة والعادات الرديئة يلزم كل منها الوقت لامتلاك قوة فعلية. العادات السيئة المستمرة منذ زمن طويل يمكن استبدالها بعادات جديدة فيما إذا تمت تنميتها ورعايتها بصبرٍ وأناة.

اطرد العادات السيئة باستبدالها بعادات جيدة في كل نواحي حياتك. وكابن لله، عزز الشعور بتحررك من كل الإرغامات الداخلية.

توكيدات لبلوغ الحرية

أنتَ في القانونِ موجودٌ
وأنتَ فوقَ كلِ قانون،
وأنتَ فوقَ كلِ قانون.
وأنا أيضاً كذلك
فوقَ كل القوانين.

أيا جنود العادات الطيبة الشجعان
هيا اطردوا العادات الشريرة القاتمة،
هيا اطردوا العادات الشريرة القاتمة.
أنا حرٌ أنا طليق، أنا حرٌ أنا طليق.
ليسَ لديَّ عادات، ليسَ لديَّ عادات.
سوف أفعل الصواب، سوف أفعل الصواب،
غير مدفوعٍ بجبروت العادات.
أنا حرٌ أنا طليق، أنا حرٌ أنا طليق.
ليسَ لديَّ عادات، ليسَ لديَّ عادات.

توكيدات وجيزة

أيها الآب السماوي، قوِّ عزيمتي كي أتمكن من نبذ العادات الخاطئة التي تجذب اهتزازات شريرة، ومن تكوين عادات سليمة تجذب اهتزازات طيبة.

إن حياة الله الأبدية تتدفق من خلالي. أنا خالدٌ. وخلفَ موجة عقلي يكمن محيط الوعي الكوني.

أيها الآب الإلهي، حيثما وضعتني، لا بد أن تأتي إليَّ.

ما من صورةٍ متحركة للحياة تتكون من لاعبٍ واحد أو حدثٍ واحد فقط. دوري على المسرح مهمٌ، لأنه بدوني لن تكون المسرحية الكونية مكتملة.

صلوات للآب الإلهي

يجب استخدام الصلوات ليس من أجل استجداء منافع زائلة، ولكن لتمكين الإنسان من استعادة الكنز الإلهي الذي ظن أنه فقده بسبب جهله. الصلوات التالية ستوجّه أفكارك إلى الله – الذي هو مصدر كل خير والقوة في كل التوكيدات.

بما أن صورة كمالكَ التي لا تُمحى هي في داخلي، علمني أن أمسح بقع ولطخات الجهل السطحية، وأن أرى أنكَ أنتَ وأنا واحدٌ.

علمني أيها الروح الكوني أن أشفي الجسد بإعادة شحنه بطاقتك الكونية، وأشفي العقل بالتركيز والسرور، وأشفي النفس بتنمية البصيرة الروحية وليدة التأمل. ودَع مملكتك التي هي في الداخل تظهر ذاتها في الخارج.

أيها الآب السماوي، علمني أن أتذكرك في الفقر أو الرخاء، في المرض أو الصحة، وفي الجهل أو الحكمة. دعني أفتح عينيّ عدم إيماني المغمضتين كي أبصر نورك المانح للشفاء الفوري.

أيها الراعي الإلهي، انقذ خراف أفكاري الضائعة في براري القلق والتشويش، وعُد بها إلى حظيرة سلامك المقدس.

يا إلهي الحبيب، دعني أدرك أن عباءتك غير المنظورة ذات الوقاية الكلية تلفني على الدوام، في الفرح وفي الحزن، في الحياة وفي الموت.

نبذة عن المؤلف

يُعتبر برمهنسا يوغانندا (١٨٩٣-١٩٥٢) على نطاق واسع واحداً من أبرز الشخصيات الروحية في زمننا المعاصر. وُلد في شمال الهند وجاء إلى الولايات المتحدة في عام ١٩٢٠. وعلى مدى العقود الثلاثة التالية ساهم بطرق بعيدة الأثر في زيادة الوعي والتقدير في الغرب لحكمة الشرق الخالدة — من خلال كتاباته، وجولات محاضراته المكثفة، وتأسيس العديد من المعابد ومراكز التأمل التابعة إلى *Self-Realization Fellowship. وقد ساهمت قصة حياته المشهورة، مذكرات يوغي *Autobiography of a Yogi*، بالإضافة إلى العديد من كتبه الأخرى وسلسلة دروسه الشاملة المعدّة للدراسة المنزلية، في تعريف الملايين على علم الهند القديم للتأمل وطرق تحقيق الرفاهية المتوازنة للجسم والعقل والروح.

العمل الروحي والإنساني الذي بدأه برمهنسا يوغانندا يتواصل اليوم بإشراف الأخ تشيداناندا Brother Chidananda، رئيس Self-Realization Fellowship/ Yogoda Satsanga Society of India.

* (جماعة معرفة الذات) لقد أوضح برمهنسا يوغانندا أن اسم Self-Realization Fellowship يعني «صحبة الله عن طريق معرفة الذات، ومصادقة جميع النفوس الباحثة عن الحقيقة»

برمهنسا يوغانندا
يوغي في الحياة والموت

دخل برمهنسا يوغانندا حالة ماهاسمادهي (الخروج الواعي الأخير لليوغي من الجسد) في لوس أنجلوس، كاليفورنيا، في ٧ مارس/آذار ١٩٥٢، بعد اختتام كلمة ألقاها في مأدبة أقيمت على شرف سعادة سفير الهند بيناري ر. سين.

لقد أظهر المعلم العالمي العظيم قيمة اليوغا (الأساليب العلمية لمعرفة الله) ليس فقط في الحياة ولكن في الموت أيضاً. فبعد أسابيع من رحيله، ظل وجهه الذي لم يتغير ولم يتطرق إليه الفساد يشع بريقاً مقدساً.

وقد أرسل المستر هاري تي. رو، مدير مدفن فورست لاون ميموريال بارك Forest Lawn Memorial Park في لوس أنجلوس (حيث تم وضع جثمان المعلم العظيم مؤقتاً) خطاباً موثّقاً إلى Self-Realization Fellowship وهذه مقتطفات منه:

"إن عدم وجود أي علامات مرئية للتعفن في جثمان برمهنسا يوغانندا هو الحالة الأكثر استثنائية في تجربتنا.... إذ لم يظهر تحلل مادي في جسده حتى بعد عشرين يوما من وفاته.... ولم تظهر علامات التعفن على

بشرته، ولم يظهر جفاف في أنسجة الجسم. وهذه الحالة من الحفظ التام للجسد هي، على حد معرفتنا بالسجلات الجنائزية، حالة لا مثيل لها.... فعند استلام جثمان يوغانندا، توقع عمال الدفن أن يلاحظوا من خلال الغطاء الزجاجي للنعش، علامات التحلل التدريجي للجسد. لكن دهشتنا زادت مع توالي الأيام دون حدوث أي تغيير واضح في الجسد الذي كان تحت المراقبة. فجسد يوغانندا كان على ما يبدو في حالة استثنائية من عدم التغيّر.... حيث لم تنبعث من جسده رائحة التعفن في أي وقت....

في ٢٧ مارس كان المظهر الجسدي ليوغانندا، قبل وضع الغطاء البرونزي على التابوت، هو نفسه كما كان في ٧ مارس. لقد بدا يوم ٢٧ مارس غضاً وغير متأثر بالتحلل مثلما كان ليلة وفاته. وفي ٢٧ مارس لم يكن هناك سبب يدعونا للقول بأن جسده قد عانى من أي تحلل جسدي مرئي على الإطلاق. ولهذه الأسباب نعلن مرة أخرى أن حالة برمهنسا يوغانندا فريدة من نوعها في تجربتنا".

صلاة من أجل الشفاء الإلهي

"أيها الآب، أريد ازدهاراً وصحةً وحكمةً بدون حدود، ليس من مصادر أرضية بل من يديك المالكتين لكل شيء، القادرتين على كل شيء، والمانحتين للوفرة والسخاء بلا انتهاء."

— برمهنسا يوغانندا

إن الله موجود في كل ذرة من ذرات الخليقة. ولو سحب حضوره الواهب للحياة، فإن العوالم ستختفي في الأثير دون أثر.

يعتمد الإنسان اعتماداً كلياً على خالقه. وكما أن ما يجتذبه من صحة وسعادة ونجاح هو نتيجة لامتثاله للقوانين التي أمر بها الله، فإن العون والشفاء اللذين يحتاجهما يمكن الحصول عليهما مباشرة من الله من خلال الصلاة.

يتم تقديم الصلوات من أجل شفاء الأمراض الجسدية والتناغم العقلي والتخلص من الجهل الروحي يومياً من قبل أعضاء السلك الرهباني في Self-Realization Fellowship. ومن خلال بركات الله، حصل الآلاف على المساعدة الروحية.

يمكنك طلب الصلاة لنفسك أو لأحبائك إما على موقعنا الإلكتروني أو عن طريق الكتابة إلينا أو الاتصال بمقرنا الدولي (انظر الصفحة المقابلة).

موارد إضافية بخصوص
تعاليم برمهنسا يوغانندا
حول كريا يوغا

Self-Realization Fellowship مكرسة لتقديم المساعدة دون قيود للباحثين في جميع أنحاء العالم. للحصول على معلومات بخصوص سلسلتنا السنوية من المحاضرات والفصول العامة، وخدمات التأمل الإلهامية في معابدنا ومراكزنا حول العالم، وجدول الخلوات والأنشطة الأخرى، ندعوكم لزيارة موقعنا على الإنترنت أو مقرنا العالمي:

www.yogananda.org

Self-Realization Fellowship

3880 San Rafael Avenue • Los Angeles, CA 90065-3219

Tel +1 (323) 225-2471 • Fax +1 (323) 225-5088

دروس
Self-Realization Fellowship

إرشادات وتعليمات شخصية
من برمهنسا يوغانندا حول التأمل ومبادئ الحياة الروحية

إذا كنت تشعر بالانجذاب إلى تعاليم برمهنسا يوغانندا، فإننا ندعوك للتسجيل في دروس Self-Realization Fellowship.

لقد أنشأ برمهنسا يوغانندا سلسلة الدراسة المنزلية هذه لإتاحة فرصة للباحثين المخلصين لتعلّم وممارسة أساليب تأمل اليوغا القديمة التي جلبها إلى الغرب – بما في ذلك علم الكريا يوغا Kriya Yoga. تقدم الدروس أيضاً إرشاداته العملية لتحقيق الازدهار، والرفاه الجسدي، والعقلي، والروحي.

تتوفر دروس Self-Realization Fellowship مقابل رسم رمزي (لتغطية تكاليف الطبع والبريد)، ويقدم رهبان وراهبات Fellowship Self-Realization لجميع الطلاب إرشادات شخصية حول الممارسة التطبيقية.

لمزيد من المعلومات...

يرجى زيارة الموقع الإلكتروني www.srflessons.org أو طلب حزمة تتضمن معلومات مجانية شاملة عن الدروس.

كتب باللغة العربية من تأليف برمهنسا يوغانندا
منشورات عربية من Self-Realization Fellowship

متوفرة على الموقع الإلكتروني
www.srfbooks.org
أو غيره من مكتبات بيع الكتب عبر الإنترنت

كيف يمكنك محادثة الله

يُعرّف برمهنسا يوغانندا الله بأنه الروح الكوني الفائق والأب، والأم، والصديق الشخصي المحب والقريب من الجميع، ويبيّن مدى قرب الرب من كل واحد منا، وكيف يمكن إقناعه بأن "يكسر صمته" ويستجيب بطريقة محسوسة.

توكيدات شفاء علمية

في هذا الكتاب الذي يشتمل على مجموعة واسعة من التوكيدات يقدم برمهنسا يوغانندا شرحاً عميقاً للأسس العلمية للتوكيد. ويشرح طريقة عمل التوكيدات، وكيف يمكن استخدام قوة الكلمة والفكر ليس فقط لاستجلاب الشفاء، ولكن أيضاً لإحداث التغيير المرغوب في كل مجال من مجالات الحياة.

تأملات ميتافيزيقية

أكثر من ٣٠٠ من التأملات والصلوات والتوكيدات الروحية التي تلهم الفكر وتسمو به، والتي يمكن استخدامها لتنمية قدر أكبر من الصحة، والحيوية، والإبداع، والثقة بالنفس، والهدوء؛ وللعيش بدراية أكبر بحضور الله الذي يغمر النفس بالغبطة والابتهاج.

عِلم الدين

في هذا الكتاب، يبين برمهنسا يوغانندا أن داخل كل إنسان توجد رغبة حتمية لا مفر منها وهي التغلب على المعاناة والحصول على سعادة لا انتهاء لها. وإذ يشرح كيف يمكن تحقيق هذه الأشواق، فإنه يتناول بدقة الفعالية النسبية للمقاربات المختلفة لتحقيق هذا الهدف.

قانون النجاح

يشرح المبادئ الديناميكية لتحقيق أهداف المرء في الحياة، ويحدد القوانين الكونية التي تحقق النجاح وتجلب الرضا – على المستوى الشخصي والمهني والروحي.

همسات من الأبدية

مجموعة من صلوات برمهنسا يوغانندا واختباراته الإلهية في حالات التأمل السامية. إن كلماته المدونة بجمال شعري وإيقاع رائع تظهر تنوعاً لا ينفد لطبيعة الله والعذوبة اللامتناهية التي يستجيب بها لمن يبحثون عنه.

مأثورات برمهنسا يوغانندا

مجموعة من الأقوال والمشورة الحكيمة التي تنقل ردود برمهنسا يوغانندا الصريحة والمفعمة بالمحبة لأولئك الذين قصدوه التماساً للتوجيه والإرشاد. المأثورات في هذا الكتاب، التي تم تدوينها بواسطة عدد من تلاميذه المقربين، تتيح للقارئ فرصة المشاركة في لقاءاتهم مع المعلم.

كتب باللغة الإنكليزية لبرمهنسا يوغانندا

Autobiography of a Yogi

God Talks With Arjuna: The Bhagavad Gita
— A New Translation and Commentary

The Second Coming of Christ:
The Resurrection of the Christ Within You
— A Revelatory Commentary on the Original Teachings of Jesus

The Yoga of the Bhagavad Gita

The Yoga of Jesus

The Collected Talks and Essays
Volume I: Man's Eternal Quest
Volume II: The Divine Romance
Volume III: Journey to Self-realization

Wine of the Mystic:
The Rubaiyat of Omar Khayyam
— A Spiritual Interpretation

Songs of the Soul

Whispers from Eternity

Scientific Healing Affirmations

In the Sanctuary of the Soul:

A Guide to Effective Prayer

The Science of Religion

Metaphysical Meditations

Where There Is Light
*—Insight and Inspiration for Meeting Life's
Challenges*

Sayings of Paramahansa Yogananda

Inner Peace:
How to Be Calmly Active and Actively Calm

Living Fearlessly
—Bringing Out Your Inner Soul Strength

The Law of Success

How You Can Talk With God

Why God Permits Evil and How to Rise Above It

To Be Victorious in Life

Cosmic Chants

تسجيلات برمهنسا يوغانندا الصوتية

Beholding the One in All

The Great Light of God

Songs of My Heart

To Make Heaven on Earth

Removing All Sorrow and Suffering

Follow the Path of Christ, Krishna, and the Masters

Awake in the Cosmic Dream

Be a Smile Millionaire

One Life Versus Reincarnation

In the Glory of the Spirit

Self-Realization: The Inner and the Outer Path

منشورات أخرى من
Self-Realization Fellowship

The Holy Science
— Swami Sri Yukteswar

Only Love:
Living the Spiritual Life in a Changing World
— Sri Daya Mata

Finding the Joy Within You:
Personal Counsel for God-Centered Living
— Sri Daya Mata

Intuition:
Soul Guidance for Life's Decisions
— Sri Daya Mata

God Alone:
The Life and Letters of a Saint
— Sri Gyanamata

"Mejda":
The Family and the Early Life of
Paramahansa Yogananda
— Sananda Lal Ghosh

Self-Realization
(مجلة أسسها برمهنسا يوغانندا في عام ١٩٢٥)

دي في دي فيديو

Awake: The Life of Yogananda
فيلم من إنتاج شركة أفلام كاونتربوينت

يتوفر كتالوج كامل يحتوي على كتب وتسجيلات فيديو/
تسجيلات صوتية – بما في ذلك تسجيلات
أرشيفية نادرة لبرمهنسا يوغانندا – على الموقع
الإلكتروني:
www.srfbooks.org

حزمة تقديمية مجانية

الطريقة العلمية للتأمل التي علّمها برمهنسا يوغانندا،
بما في ذلك كريا يوغا – إلى جانب توجيهاته بخصوص
كافة جوانب العيش الروحي المتزن – يتم تلقينها في
دروس Self-Realization Fellowship. يرجى زيارة
الموقع الإلكتروني www.srflessons.org وطلب
حزمة معلومات مجانية شاملة عن الدروس.
Self-Realization Fellowship
3880 San Rafael Avenue • Los Angeles, CA
90065-3219
Tel +1 (323) 225-2471 • Fax +1 (323) 225-5088

www.yogananda.org